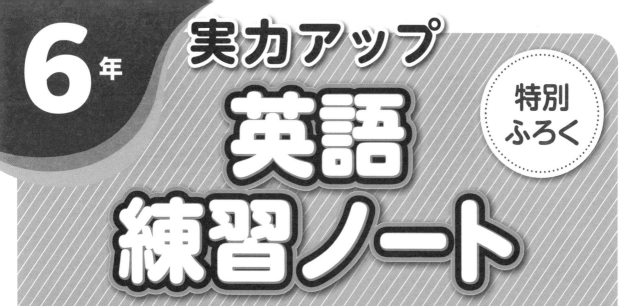

6年

実力アップ
英語 練習ノート

特別ふろく

ふろく英語カードの練習ができる！

年	組	名前

Ⓑ

1 職業 ①

📖 読みながらなぞって、もう1回書きましょう。

①
artist
芸術家

artist

artist

②
astronaut
宇宙飛行士

astronaut

┆
╰----- o ではなく a だよ。

③
carpenter
大工

carpenter

┆
╰----- a ではなく e だよ。

④
comedian
お笑い芸人

comedian

⑤
dentist
歯医者

dentist

dentist

2 職業 ②

■ 読みながらなぞって、もう1回書きましょう。

⑥

flight attendant
客室乗務員

flight attendant

------ 間をあけるよ。

⑦

musician
ミュージシャン、音楽家

musician

⑧

cook
料理人、コック

cook

------ oを2つ重ねるよ。

cook

⑨

pianist
ピアニスト

pianist

pianist

⑩

scientist
科学者

scientist

------ aではなくcだよ。

3 職業 ③

📖 読みながらなぞって、もう1回書きましょう。

⑪

soccer player
サッカー選手

soccer player

⤴ aではなくoだよ。

⑫

vet
じゅう い
獣医

vet

vet

⑬

writer
作家

writer

⤴ wから始まるよ。

writer

⑭

zookeeper

zookeeper
動物園の飼育員

4 身の回りの物 ①

✿ 読みながらなぞって、もう１回書きましょう。

⑮

bat
バット

bat

bat

⑯

eraser
消しゴム

eraser

eraser

⑰

glasses
めがね

glasses

┆┄┄┄ ｓを２つ重ねるよ。

glasses

⑱

ink
インク

ink

ink

5 身の回りの物 ②

🔹 読みながらなぞって、もう1回書きましょう。

⑲

magnet
磁石

magnet

magnet

⑳

pencil sharpener

えんぴつけずり

pencil sharpener

┄┄┄ s ではなく c だよ。

㉑

present

present
プレゼント

┄┄┄ z ではなく s だよ。

present

㉒

racket

racket
ラケット

racket

6 身の回りの物 ③

🟦 読みながらなぞって、もう１回書きましょう。

㉓

soccer ball

サッカーボール

soccer ball

㉔

stapler

a ではなく e だよ。

stapler

stapler

ホッチキス

㉕

smartphone

smartphone

スマートフォン

㉖

umbrella

l を２つ重ねるよ。

umbrella

かさ

7

7 スポーツ

📖 読みながらなぞって、もう1回書きましょう。

㉗

gymnastics

↑----- i ではなく y だよ。

gymnastics
たいそう
体操

㉘

rugby

rugby

rugby
ラグビー

㉙

surfing

↑----- a ではなく u だよ。

surfing

surfing
サーフィン

㉚

tennis

tennis

tennis
テニス

㉛

wrestling

wrestling
レスリング

8 食べ物・飲み物 ①

🌸 読みながらなぞって、もう1回書きましょう。

③②

food
食べ物

food

food

③③

drink
飲み物

drink

drink

③④

dessert
デザート

dessert

┈┈┈┈┈ sを2つ重ねるよ。

dessert

③⑤

menu
メニュー

menu

menu

③⑥

omelet
オムレツ

omelet

┈┈┈┈┈ rではなくlだよ。

omelet

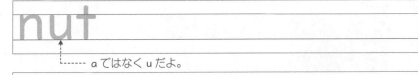

9 食べ物・飲み物 ②

📖 読みながらなぞって、もう1回書きましょう。

③⑦
nut
ナッツ、木の実

nut
------ a ではなく u だよ。

nut

③⑧
broccoli
ブロッコリー

broccoli

broccoli

③⑨
pumpkin
カボチャ

pumpkin
------ n ではなく m だよ。

pumpkin

④⓪
yogurt
ヨーグルト

yogurt

yogurt

④①
jam
ジャム

jam

jam

10 食べ物・飲み物 ③

📖 読みながらなぞって、もう1回書きましょう。

㊷

pudding

------ dを2つ重ねるよ。

pudding

pudding
プリン

㊸

donut

donut

donut
ドーナツ

㊹

cookie

cookie

cookie
クッキー

㊺

shaved ice

------ sではなくcだよ。

shaved ice
かき氷

㊻

green tea

green tea
緑茶

11 自然 ①

📖 読みながらなぞって、もう1回書きましょう。

⑪

mountain
山

mountain

⤴ e ではなく a だよ。

⑱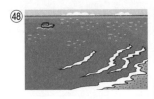

sea
海

sea

⤴ a で終わるよ。

sea

⑲

river
川

river

river

⑳

lake
湖

lake

lake

㉑

beach
浜辺

beach

⤴ a をわすれずに！

beach

12 自然 ②

📛 読みながらなぞって、もう1回書きましょう。

⑤2

island
島

island

s をわすれずに！

island

⑤3
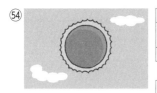
tree
木

tree

tree

⑤4
sun
太陽

sun

a ではなく u だよ。

sun

⑤5

moon
月

moon

moon

⑤6

star
星

star

star

 13 自然 ③ / 動物 ①

📖 読みながらなぞって、もう1回書きましょう。

⑤⑦
rainbow
にじ

rainbow

rainbow

⑤⑧
giraffe
キリン

giraffe

fを2つ重ねるよ。

giraffe

⑤⑨
goat
ヤギ

goat

goat

⑥⓪
koala
コアラ

koala

koala

⑥①
penguin
ペンギン

penguin

uをわすれずに！

penguin

14 動物 ②

📖 **読みながらなぞって、もう1回書きましょう。**

㉒

sea turtle
ウミガメ

sea turtle

------ a ではなく u だよ。

㉓

whale
クジラ

whale

whale

㉔

wolf
オオカミ

wolf

wolf

㉕

zebra
シマウマ

zebra

zebra

㉖

ant
アリ

ant

ant

15 動物 ③ / 学校行事 ①

■ 読みながらなぞって、もう1回書きましょう。

⑥⑦

butterfly

------ t を2つ重ねるよ。

butterfly
チョウ

⑥⑧

frog

frog

frog
カエル

⑥⑨

entrance ceremony

------ s ではなく c だよ。

entrance ceremony
入学式

⑦⑩

sports day

sports day
運動会

⑦⑪

school trip

school trip
修学旅行

16 学校行事 ②

読みながらなぞって、もう1回書きましょう。

⑦2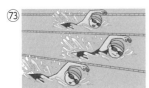

chorus contest

合唱コンクール

chorus contest

⑦3

swimming meet

水泳競技会

swimming meet

⑦4

drama festival

学芸会

drama festival

⑦5

music festival

音楽祭

music festival

kではなくcだよ。

⑦6

field trip

遠足、社会科見学

field trip

eをわすれずに！

17 学校行事 ③ / 日本文化 ①

読みながらなぞって、もう1回書きましょう。

⑦

marathon

マラソン

marathon

┈┈ s ではなく th だよ。

⑦⑧

volunteer day

ボランティアの日

volunteer day

⑦⑨

graduation ceremony

卒業式

graduation ceremony

⑧⓪

cherry blossom

桜（の花）

cherry blossom

┈┈ s を2つ重ねるよ。

⑧①

fireworks

花火

fireworks

fireworks

18 日本文化 ② / 施設・建物 ①

📖 読みながらなぞって、もう1回書きましょう。

⑧②

festival
祭り

festival

festival

⑧③

hot spring
温泉

hot spring

⑧④

town
町

town

┈┈┈┈ a ではなく o だよ。

town

⑧⑤

bookstore
書店

bookstore

┈┈┈┈ o を2つ重ねるよ。

⑧⑥
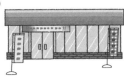
convenience store
コンビニエンスストア

convenience store

19 施設・建物 ②

🐾 読みながらなぞって、もう1回書きましょう。

⑧⑦

department store
デパート

department store

⑧⑧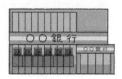

movie theater
えいが
映画館

movie theater

└----- s ではなく th だよ。

⑧⑨

bank
銀行

bank

bank

⑨⓪

bakery
パン店

bakery

└----- a ではなく e だよ。

bakery

⑨①

factory
工場

factory

factory

20 施設・建物 ③
しせつ

📖 読みながらなぞって、もう1回書きましょう。

⑨2

amusement park

遊園地

amusement park

⑨3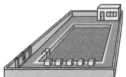

aquarium

←---- k ではなく q だよ。

aquarium

水族館

⑨4

swimming pool

←---- m を2つ重ねるよ。

swimming pool

プール

⑨5

stadium

stadium

stadium

スタジアム

⑨6

zoo

zoo

zoo

動物園

21 施設・建物 ④

しせつ

❀ 読みながらなぞって、もう１回書きましょう。

⑨⑦

castle

castle
城

castle

↑ t をわすれずに！

⑨⑧

temple

temple
寺

temple

⑨⑨

shrine

shrine
神社

shrine

⑩⑩

garden

garden
庭

garden

⑩⑪

bridge

↑ d をわすれずに！

bridge
橋

bridge

22 様子や状態を表すことば ①

読みながらなぞって、もう1回書きましょう。

⑩²

delicious

とてもおいしい

delicious

⑩³

exciting

exciting

わくわくさせる

exciting

 s ではなく c だよ。

⑩⁴

fun

楽しいこと

fun

a ではなく u だよ。

⑩⁵

interesting

interesting

おもしろい

⑩⁶

wonderful

wonderful

すばらしい、おどろくべき

23 様子や状態を表すことば ②

📖 読みながらなぞって、もう1回書きましょう。

⑩⑦

beautiful
美しい

beautiful

⑩⑧

brave
ゆうかん
勇敢な

brave

brave

⑩⑨

funny
おかしい

funny

-------- a ではなく u だよ。

funny

⑩⑩

popular
人気のある

popular

-------- r ではなく l だよ。

popular

⑪⑪

cute
かわいい

cute

cute

24 様子や状態を表すことば ③

■ 読みながらなぞって、もう1回書きましょう。

⑪⑫

scary
こわい

scary

scary

⑪⑬

thirsty
のどがかわいた

th で始まるよ。

thirsty

⑪⑭

high
高い

g をわすれずに！

high

⑪⑮

tall
（背が）高い

tall

tall

25 味

📖 読みながらなぞって、もう1回書きましょう。

⑯
sweet
あまい

sweet
┆
╰----- eを2つ重ねるよ。

sweet

⑰
bitter
苦い

bitter
┆
╰----- tを2つ重ねるよ。

bitter

⑱
sour
すっぱい

sour

sour

⑲
salty
塩からい

salty

salty

⑳
spicy
からい、ぴりっとした

spicy
┆
╰----- sではなくcだよ。

spicy

26 動作・活動を表すことば ①

📖 読みながらなぞって、もう１回書きましょう。

⑫⑴

camping
キャンプ

camping

↑----- n ではなく m だよ。

camping

⑫⑵

hiking
ハイキング

hiking

hiking

⑫⑶

shopping
買い物

shopping

↑----- p を２つ重ねるよ。

⑫⑷ fishing
魚つり

fishing

fishing

⑫⑸

enjoy
楽しむ

enjoy

enjoy

27 動作・活動を表すことば ②

■ 読みながらなぞって、もう１回書きましょう。

⑫⑥
visit
ほうもん
訪問する

visit

visit

⑫⑦
talk
話す

talk

↑
┈┈┈ o ではなく a だよ。

talk

⑫⑧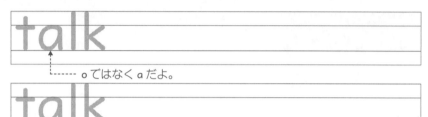
read
読む

read

↑
┈┈┈ a をわすれずに！

read

⑫⑨
teach
教える

teach

teach

⑬⓪
study
勉強する

study

study

28 動作・活動を表すことば ③

📖 読みながらなぞって、もう1回書きましょう。

⑬⑴

draw

絵をかく

draw

draw

⑬⑵

run fast

速く走る

run fast

run fast

⑬⑶

jump rope

縄とびをする

jump rope

┆------ a ではなく u だよ。

⑬⑷

play soccer

サッカーをする

play soccer

29 動作・活動を表すことば ④ / 日課 ①

■ 読みながらなぞって、もう１回書きましょう。

(135)

play the piano
ピアノをひく

play the piano

(136)

ride a unicycle
一輪車に乗る

ride a unicycle

↑ i ではなく y だよ。

(137)

wash my face
顔をあらう

wash my face

(138)

brush my teeth
歯をみがく

brush my teeth

e を２つ重ねるよ。

30 日課 ②

🔲 読みながらなぞって、もう1回書きましょう。

(139)

eat breakfast

朝食を食べる

eat breakfast

(140)

eat lunch

昼食を食べる

eat lunch

┄┄┄┄ a ではなく u だよ。

(141)

eat dinner

夕食を食べる

eat dinner

┄┄┄┄ n を2つ重ねるよ。

(142)

walk my dog

イヌを散歩させる

walk my dog

(143)

get the newspaper

新聞を取る

get the newspaper

31 日課 ③

📙 読みながらなぞって、もう1回書きましょう。

⑭⑭
take out the garbage
ごみを出す

take out the garbage

⑭⑤
clean my room
部屋のそうじをする

clean my room

⑭⑥
set the table
食卓の準備をする

set the table
------ e ではなく a だよ。

⑭⑦
wash the dishes
皿をあらう

wash the dishes

⑭⑧
clean the bath
風呂のそうじをする

clean the bath
------ a をわすれずに！

♪ p01

soccer
サッカー

basketball
バスケットボール

Japanese
国語

English
英語

math
算数

social studies
社会科

badminton
バドミントン

baseball
野球

music
音楽

science
理科

volleyball
バレーボール

table tennis
卓球

P.E.
体育

♪ p03

swim
泳ぐ

enjoy
楽しむ

skate
スケートをする

eat
食べる

ski
スキーをする

dance
踊る

1st 2nd 3rd 4th 5th 6th 7th 8th 9th 10th 11th 12th 13th 14th 15th 16th 17th 18th

♪ p0

astronaut
宇宙飛行士

baker
パン焼き職人

pilot
パイロット

doctor
医者

pianist
ピアニスト

comedian
お笑い芸人

singer
歌手

florist
生花店の店員

farmer
農場主

fire fighter
消防士

police officer
警察官

tennis player
テニス選手

bus driver
バスの運転手

visit
訪問する

study
勉強する

buy
買う

cook
料理をする

clean
そうじをする

かくかく 英語カード

6年 1~79

スピーキングアプリ対応 ♪

6年 80~156

スピーキングアプリ対応 ♪

使い方

① 切りはなして、リングなどでとじます。
② 音声に続けて言いましょう。音声はこちらから聞くことができます。

♪音声

③ 日本語を見て英語を言いましょう。
　英語が分かったら
　覚えて何回も言えたら
　かんぺきだと思ったら
　それぞれのアイコンを丸で囲みましょう。

---

1 芸術家

2 宇宙飛行士

3 大工

4 お笑い芸人

5 歯医者

6 客室乗務員

7 ミュージシャン, 音楽家

8 料理人, コック

9 ピアニスト

10 科学者

11 サッカー選手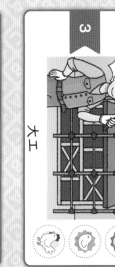

12 獣医

13 作家

14 動物園の飼育員

15

16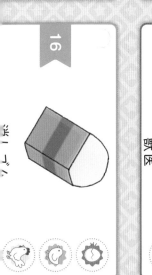

裏面の英語を見て、
日本語を言えるかな？

教科書ワーク 英語 6年
付録 単語カード 1〜79

付録のスピーキングアプリを
いっしょに使って、
発音の練習もしてみよう！

教科書ワーク 英語 6年
付録 単語カード 80〜156

♪c01 **1**
artist

♪c01 **2**
astronaut

♪c01 **3**
carpenter

♪c01 **4**
comedian

♪c01 **5**
dentist

♪c01 **6**
flight attendant

♪c01 **7**
musician

♪c01 **8**
cook

chef とも言うよ。cook には
「料理をする」という意味もあるよ。

♪c01 **9**
pianist

♪c01 **10**
scientist

♪c01 **11**
soccer player

♪c01 **12**
vet

♪c01 **13**
writer

write は「書く」という
意味だよ。

♪c01 **14**
zookeeper

zoo keeper と2語で
表すこともあるよ。

♪c02 **15**
bat

♪c02 **16**
eraser

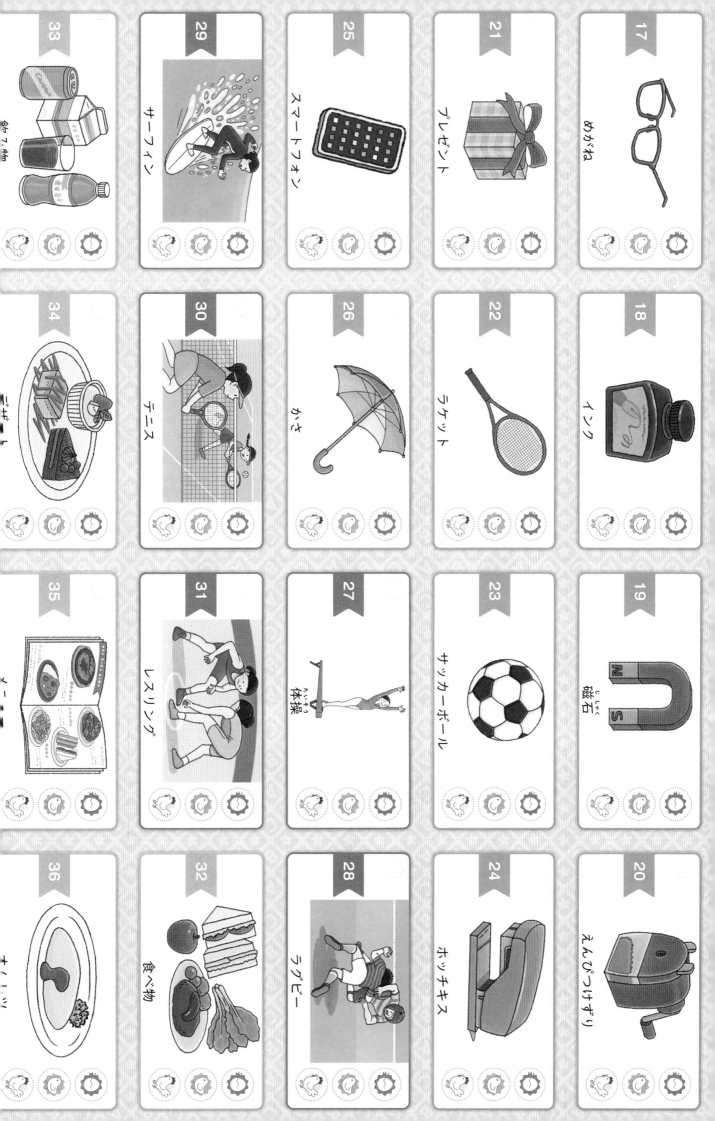

17	めがね
18	インク
19	磁石（じしゃく）
20	えんぴつけずり
21	プレゼント
22	ラケット
23	サッカーボール
24	ホッチキス
25	スマートフォン
26	かさ
27	体操（たいそう）
28	ラグビー
29	サーフィン
30	テニス
31	レスリング
32	食べ物
33	飲み物
34	ニギリ
35	メニュー
36	ナイフ

c02 17	glasses
c02 18	ink
c02 19	magnet
c02 20	pencil sharpener
c02 21	present
c02 22	racket
c02 23	soccer ball
c02 24	stapler
c02 25	smartphone
c02 26	umbrella
c03 27	gymnastics
c03 28	rugby
c03 29	surfing
c03 30	tennis
c03 31	wrestling
c04 32	food
c04 33	drink
c04 34	dessert
c04 35	menu
c04 36	omelet

phone は「電話」という意味だよ。

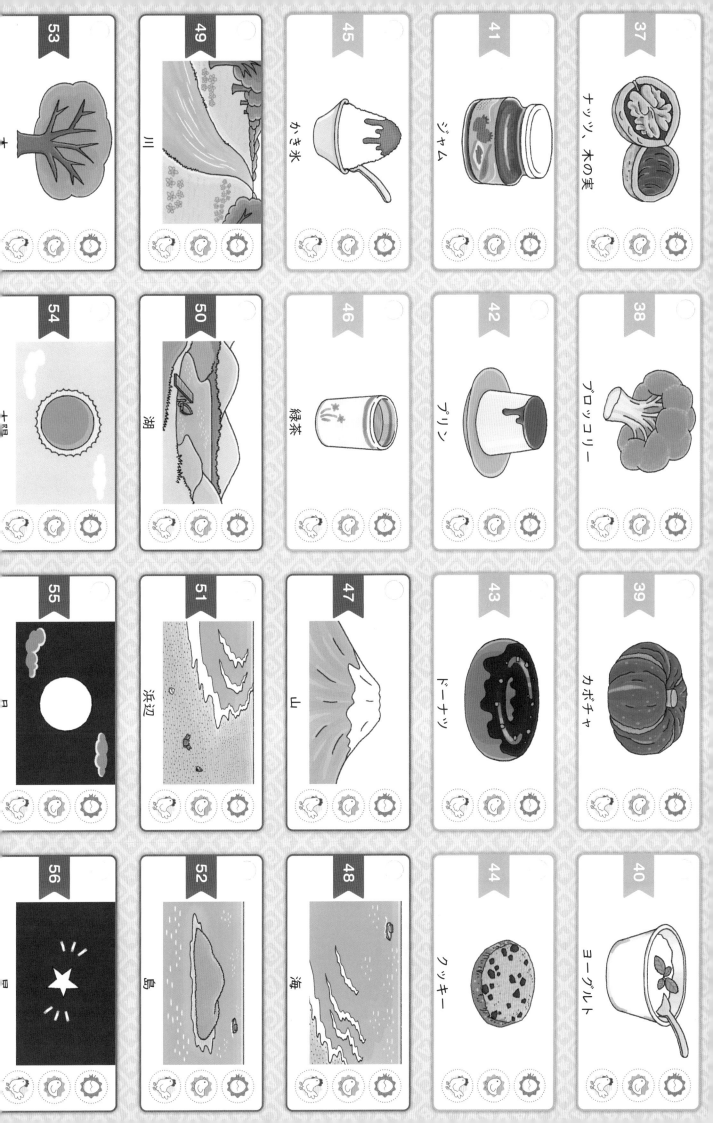

53 木	49 川	45 かき氷	41 ジャム	37 ナッツ、木の実
54 太陽	50 湖	46 緑茶	42 プリン	38 ブロッコリー
55 月	51 浜辺	47 山	43 ドーナツ	39 カボチャ
56 星	52 島	48 海	44 クッキー	40 ヨーグルト

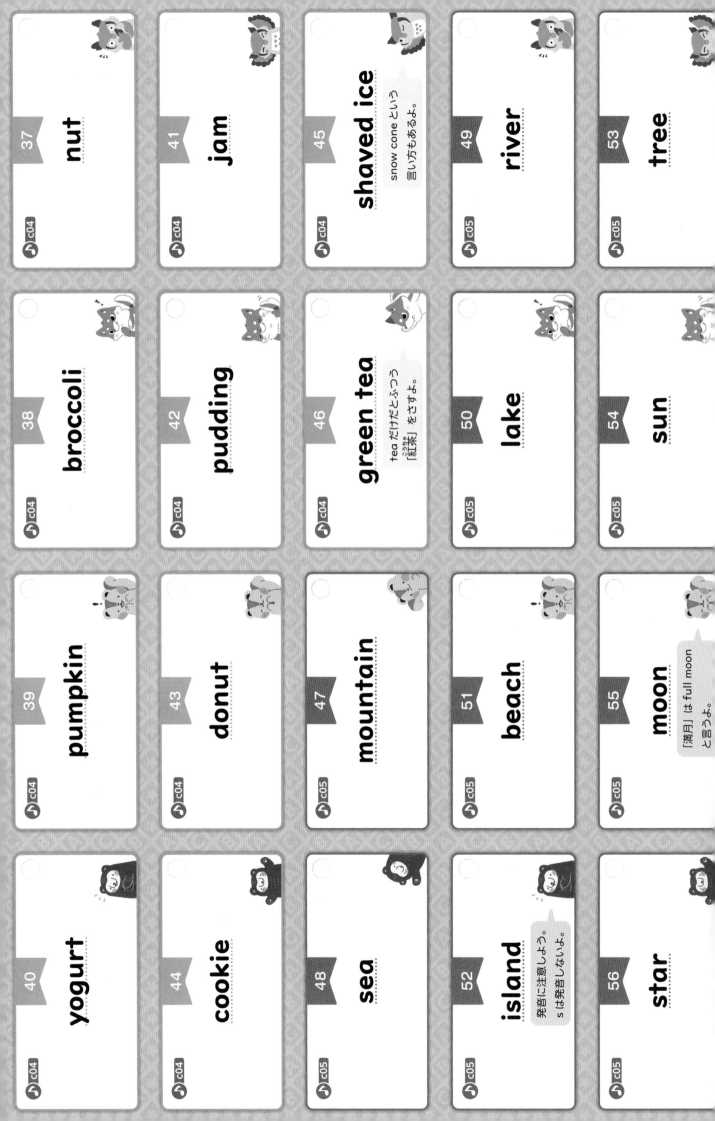

No.	Word	Track	Note
37	nut	c04	
38	broccoli	c04	
39	pumpkin	c04	
40	yogurt	c04	
41	jam	c04	
42	pudding	c04	
43	donut	c04	
44	cookie	c04	
45	shaved ice	c04	snow cone という言い方もあるよ。
46	green tea	c04	tea だけだとふつう紅茶(こうちゃ)をさすよ。
47	mountain	c05	
48	sea	c05	
49	river	c05	
50	lake	c05	
51	beach	c05	
52	island	c05	発音に注意しよう。s は発音しないよ。
53	tree	c05	
54	sun	c05	
55	moon	c05	「満月」は full moon と言うよ。
56	star	c05	

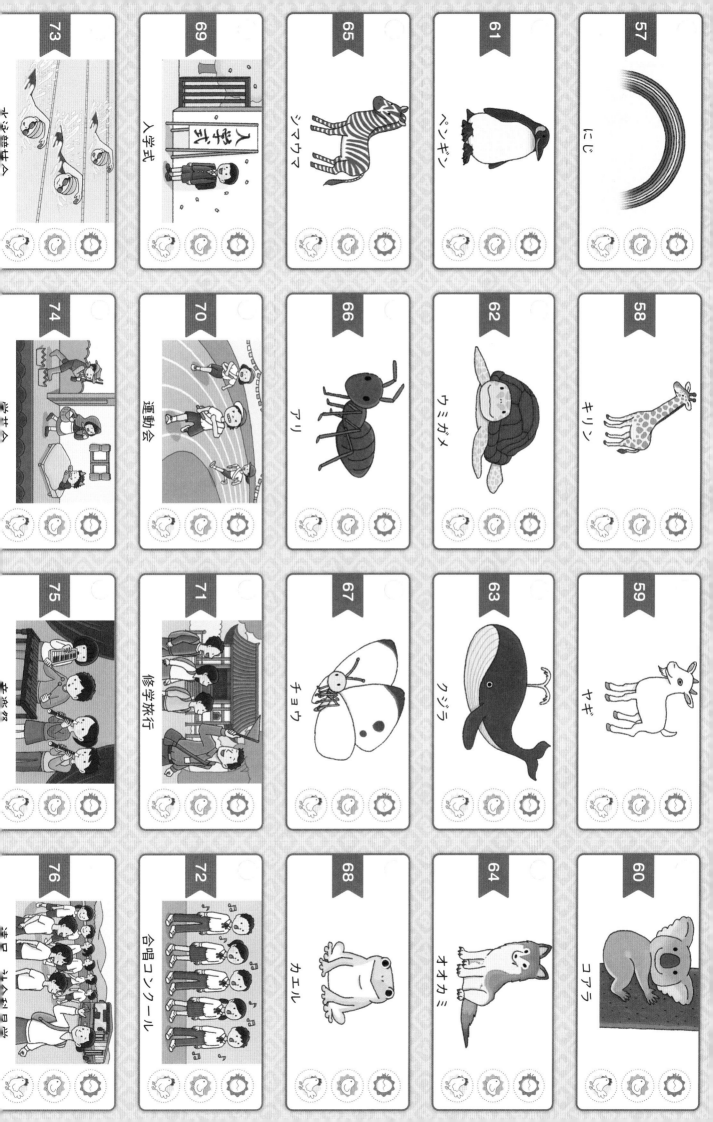

57 にじ

58 キリン

59 ヤギ

60 コアラ

61 ペンギン

62 ウミガメ

63 クジラ

64 オオカミ

65 シマウマ

66 アリ

67 チョウ

68 カエル

69 入学式

70 運動会

71 修学旅行

72 合唱コンクール

73 卒業式

74 学芸会

75 音楽祭

76 遠足

c05 ♪ **57** rainbow	c06 ♪ **58** giraffe
c06 ♪ **61** penguin	c06 ♪ **62** sea turtle turtle は「カメ」という意味だよ。
c06 ♪ **65** zebra	c06 ♪ **66** ant
c07 ♪ **69** entrance ceremony entrance は「入口」という意味もあるよ。	c07 ♪ **70** sports day sports festival という言い方もあるよ。
c07 ♪ **73** swimming meet swim meet という言い方もあるよ。	c07 ♪ **74** drama festival

c06 ♪ **59** goat	c06 ♪ **60** koala
c06 ♪ **63** whale	c06 ♪ **64** wolf 2ひき以上は wolves だよ。
c06 ♪ **67** butterfly 2ひき以上は butterflies だよ。	c06 ♪ **68** frog
c07 ♪ **71** school trip	c07 ♪ **72** chorus contest
c07 ♪ **75** music festival school concert という言い方もあるよ。	c07 ♪ **76** field trip

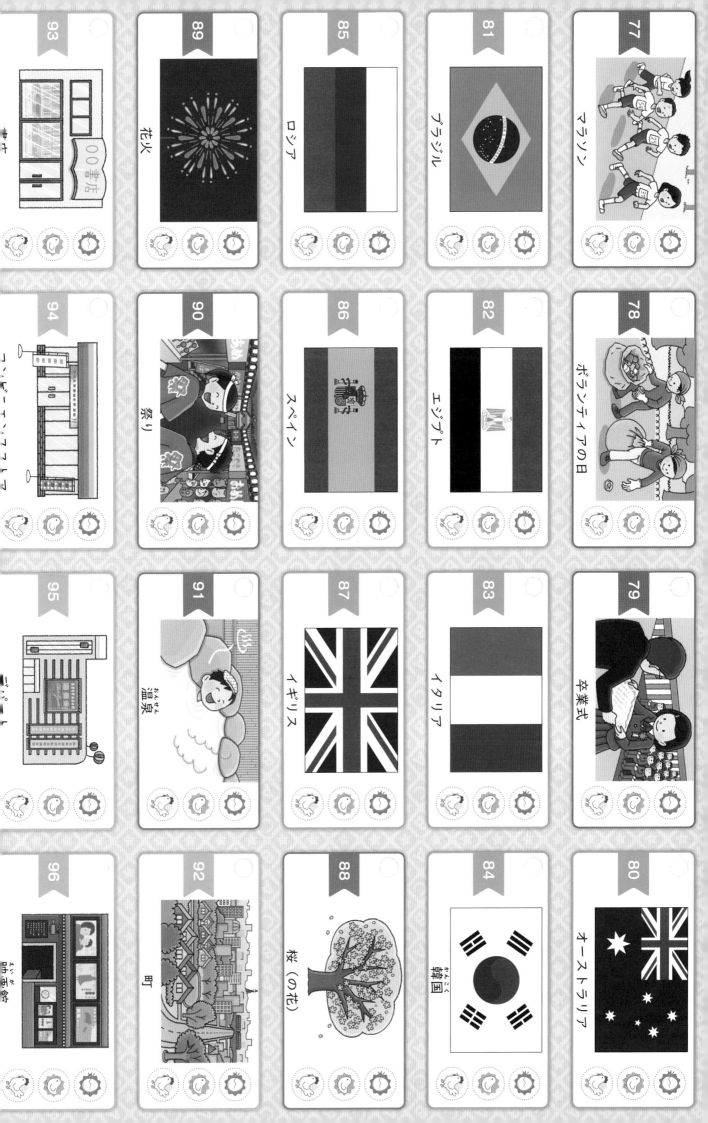

93 書店	89 花火	85 ロシア	81 ブラジル	77 マラソン
94 コンビニエンスストア	90 祭り	86 スペイン	82 エジプト	78 ボランティアの日
95 デパート	91 温泉	87 イギリス	83 イタリア	79 卒業式
96 えいが館	92 町	88 桜（の花）	84 韓国	80 オーストラリア

♪ c07 77	♪ c07 78	♪ c07 79	♪ c08 80
marathon	**volunteer day**	**graduation ceremony** graduation day と いう言い方もあるよ。	**Australia**

♪ c08 81	♪ c08 82	♪ c08 83	♪ c08 84
Brazil	**Egypt**	**Italy**	**Korea** South Korea という 言い方もあるよ。

♪ c08 85	♪ c08 86	♪ c08 87	♪ c09 88
Russia	**Spain**	**the U.K.** the United Kingdom を短くした言い方だよ。	**cherry blossom**

♪ c09 89	♪ c09 90	♪ c09 91	♪ c10 92
fireworks	**festival**	**hot spring**	**town** 似たものに city (市、都市) があるよ。

♪ c10 93	♪ c10 94	♪ c10 95	♪ c10 96
bookstore	**convenience store**	**department store**	**movie theater** theater は「劇場」と いう意味だよ。

♪ c10	97	bank
♪ c10	98	bakery
♪ c10	99	factory
♪ c10	100	amusement park

♪ c10	101	aquarium
♪ c10	102	swimming pool — swimmimg は「水泳」という意味だよ。
♪ c10	103	stadium
♪ c10	104	zoo

♪ c10	105	castle — 発音に注意しよう。t は発音しないよ。
♪ c10	106	temple
♪ c10	107	shrine
♪ c10	108	garden

♪ c10	109	bridge
♪ c11	110	delicious
♪ c11	111	exciting
♪ c11	112	fun

♪ c11	113	interesting
♪ c11	114	wonderful
♪ c11	115	beautiful
♪ c11	116	brave

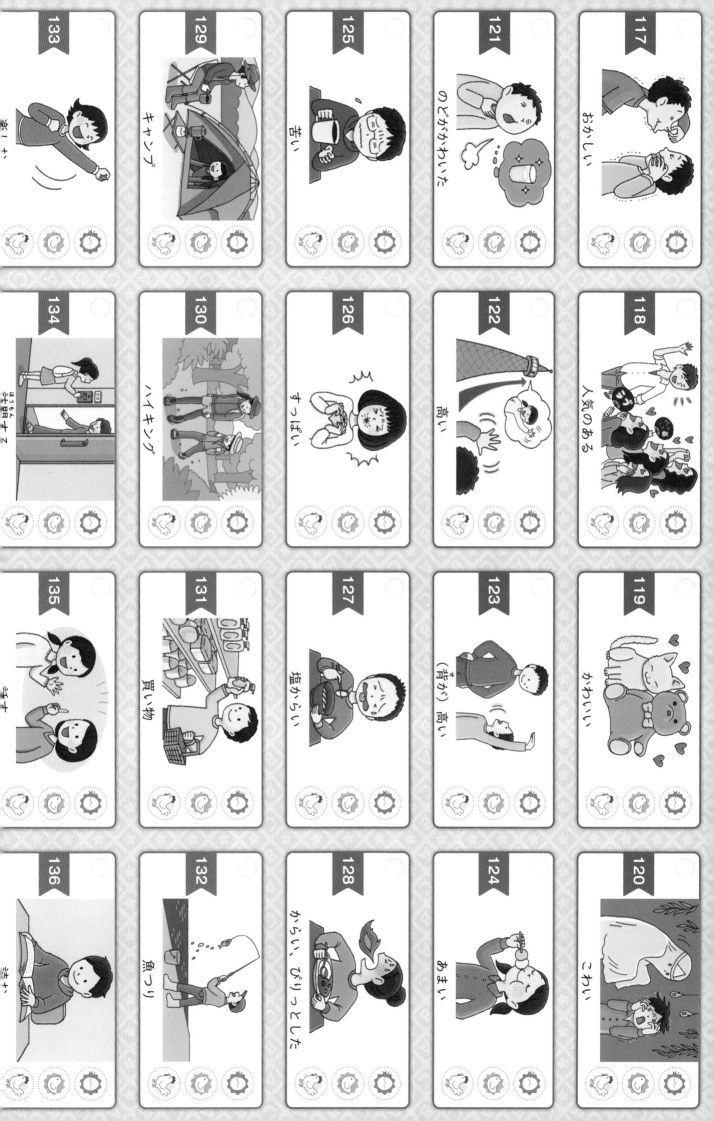

♪ c11 | 117 | funny

♪ c11 | 118 | popular

♪ c11 | 119 | cute

120 | scary
♪ c11

♪ c11 | 121 | thirsty

♪ c11 | 122 | high
「位置が高い」ときなどに使うよ。

♪ c11 | 123 | tall

124 | sweet
♪ c12

♪ c12 | 125 | bitter

♪ c12 | 126 | sour

♪ c12 | 127 | salty
「塩」は salt だよ。

128 | spicy
♪ c12

♪ c13 | 129 | camping

♪ c13 | 130 | hiking

♪ c13 | 131 | shopping

132 | fishing
♪ c13

♪ c13 | 133 | enjoy

♪ c13 | 134 | visit

♪ c13 | 135 | talk
「会話をする」という ときなどに使うよ。

136 | read
read books で
「読書をする」だよ。
♪ c13

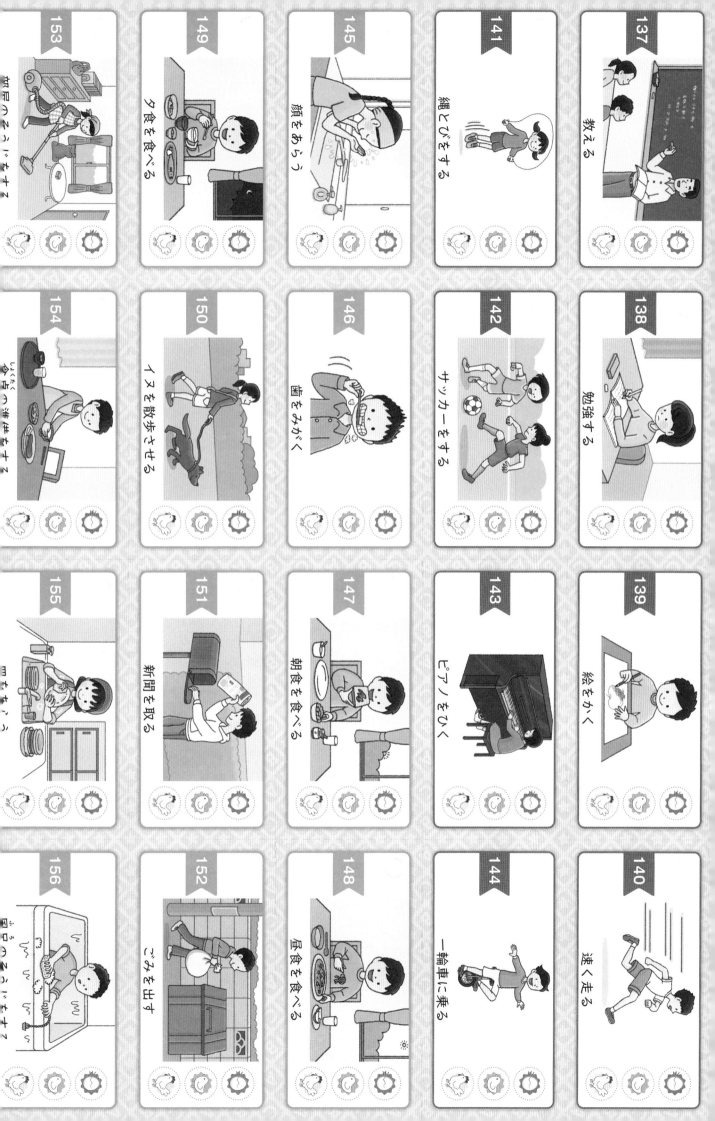

♪c13 **137** teach

♪c13 **138** study

♪c13 **139** draw
「絵の具でかく」ときは paint を使うよ。

♪c13 **140** run fast
fast は「速く」という意味だよ。

♪c13 **141** jump rope

♪c13 **142** play soccer

♪c13 **143** play the piano
「(楽器を) ひく」というときは楽器名の前に the をつけるよ。

♪c13 **144** ride a unicycle
ride a bicycle[bike] で「自転車に乗る」だよ。

♪c14 **145** wash my face

♪c14 **146** brush my teeth
teeth は２本以上の歯のことだよ。１本の歯は tooth だよ。

♪c14 **147** eat breakfast
have breakfast と言うこともあるよ。

♪c14 **148** eat lunch
have lunch と言うこともあるよ。

♪c14 **149** eat dinner
have dinner と言うこともあるよ。

♪c14 **150** walk my dog

♪c14 **151** get the newspaper

♪c14 **152** take out the garbage

♪c14 **153** clean my room

♪c14 **154** set the table

♪c14 **155** wash the dishes

♪c14 **156** clean the bath

教科書ワーク もくじ

東京書籍版 英語6年

▶動画で復習＆アプリで練習！ 重要表現まるっと整理

この本のくわしい使い方

小学教科書ワークでは 教科書内容の学習 ・ 重要単語の練習 ・ 重要表現のまとめ の3つの柱で小学校で習う英語を楽しくていねいに学習できます。ここではそれぞれの学習の流れを紹介します。

教科書内容の学習

1 基本のワーク アレック Alec先生

> QRコードを読み取ると音声が流れるよ！
> リズムにあわせて楽しく練習！

① 新しく習う英語を音声に続いて大きな声で言おう。
● ことば編 では、その単元で学習する単語をリズムにあわせて音読するよ。
● 表現編 では、最初にふきだしの英語の音声を聞いて、その単元で学習する表現を確認するよ。
次に「声に出して言ってみよう！」で _____ のことばにいれかえてリズムにあわせて音読するよ。
② 新しく習う表現についての説明を読もう。
③ 声に出して言えたら、□にチェックをつけよう。

重要単語の練習

1 わくわく英語カード

> ことば編 の最後に、英語カードの対応番号が書いてあるよ！
> 英語カード 32 〜 36

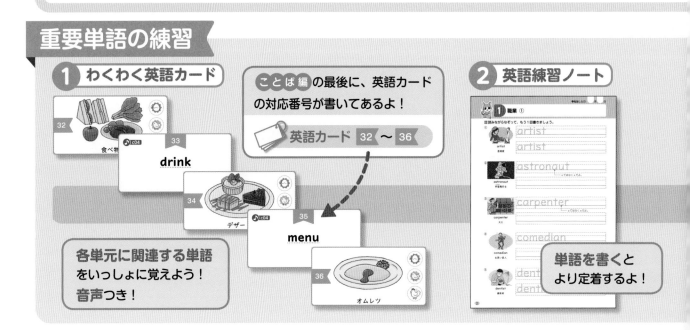

各単元に関連する単語をいっしょに覚えよう！
音声つき！

2 英語練習ノート

単語を書くとより定着するよ！

※QRコードは（株）デンソーウェーブの登録商標です。

英語音声の再生方法は
5ページを見よう！

リョウ
Ryo

2 書いて練習のワーク

3 聞いて練習のワーク

QRコードから問題の音声
が聞けるよ。

4 まとめのテスト

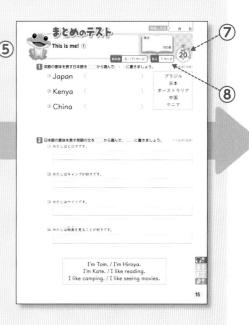

⑤

⑥

⑦

⑧

④新しく習ったことばや表現を書いて練習しよう。声に出して言いながら書くと効果的だよ。

⑤音声を聞いて問題に答えよう。聞きとれなかったら、もう一度聞いてもOK。

⑥解答集を見て答え合わせをしよう。読まれた音声も確認！

⑦確認問題にチャレンジ！問題をよく読もう。時間を計ってね。

⑧解答集を見て答え合わせをしよう。

3 単語リレー（実力判定テスト）やはつおん上達アプリおん達でアウトプット！

おん達ではつおん
練習ができるよ！

単語リレーで単語の
テストができるよ！

おん達の使い方・アクセス
コードは4ページを見よう！

ヒナ
Hina

重要表現のまとめ

動画で復習＆アプリで練習！
重要表現まるっと整理

QRコードを読み取ると
わくわく動画が見られるよ！

わくわく動画

リズムにあわせて表現の復習！

自己表現の練習も！

発音上達アプリ**おん達**
にも対応しているよ。

「重要表現まるっと整理」は
113ページからはじまるよ。

Adra

最後にまとめとして使って
も良いし、日ごろの学習に
プラスしても良いね！

Oliver

アプリ・音声について

この本のふろくのすべてのアクセスコードは **EFMRXF9a** です。

★ 文理のはつおん上達アプリ　おん達

- 「重要表現まるっと整理」と「わくわく英語カード」の発話練習ができます。
- お手本の音声を聞いて、自分の発音をふきこむとAIが点数をつけます。
- 何度も練習し、高得点を目ざしましょう。
- 右のQRコードからダウンロードページへアクセスし、
  上記のアクセスコードを入力してください。
- アクセスコード入力時から15か月間ご利用になれます。
- 【推奨環境】スマートフォン、タブレット等(iOS11以上、Android8.0以上)

おん達
ダウンロード

※音声配信サービスおよび「おん達」は無料ですが、別途各通信会社の通信料がかかります。
※お客様のネット環境および端末によりご利用いただけない場合がございます。ご理解、ご了承いただきますよう、お願いいたします。

実力判定テスト

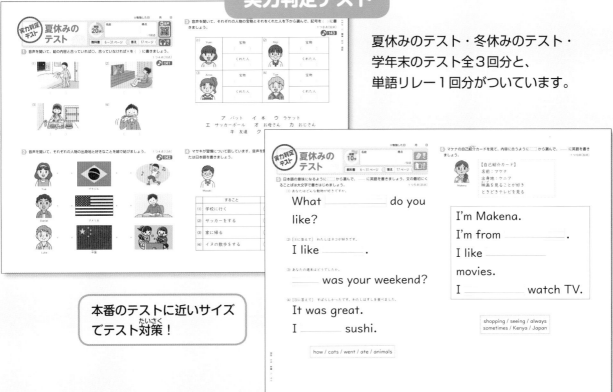

夏休みのテスト・冬休みのテスト・
学年末のテスト全3回分と、
単語リレー1回分がついています。

本番のテストに近いサイズ
でテスト対策！

CBT(Computer Based Testing)

◆CBTの使い方
❶BUNRI-CBT(https://b-cbt.bunri.jp)に
　PC・タブレットでアクセス。
❷ログインして、4ページのアクセスコードを
　入力。

WEB上のテストにちょうせん。
成績表で苦手チェック！

★ 英語音声の再生方法

● 英語音声があるものには ♪ a01 がついています。音声は以下の3つの方法で再生することができます。

①QRコードを読み取る：
　各単元の冒頭についている音声QRコードを読み取ってください。

②音声配信サービスonhaiから再生する：
　WEBサイト https://listening.bunri.co.jp/ へアクセスしてください。

③音声をダウンロードする：
　文理ホームページよりダウンロードも可能です。
　URL　https://portal.bunri.jp/b-desk/efmrxf9a.html
　②・③では4ページのアクセスコードを入力してください。

A B C D E

F G H I J

K L M N

O P Q R

S T U V W

X Y Z

⭐ リズムに合わせて、声に出して言いましょう。　✔言えたらチェック ☐☐☐

🔊音声　♪a01

a b c d e

f g h i j

k l m n

o p q r

s t u v w

x y z

7

アルファベットを書こう

☆ 読みながらなぞって、もう１回書きましょう。

※書き順は一つの例です。

大文字

  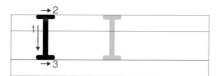

がんばって！

形や高さに注意して
書いてみよう！

小文字

a　a　　b　b　　c　c

d　d　　e　e　　f　f

g　g　　h　h　　i　i

j　j　　k　k　　l　l

m　m　　n　n　　o　o

p　p　　q　q　　r　r

s　s　　t　t　　u　u

v　v　　w　w　　x　x

y　y　　z　z

全部書けた
かな？

9

This is me! ① － 1

基本のワーク

いろいろな活動を表すことばを覚えよう！

⭐ リズムに合わせて、声に出して言いましょう。　✔ 言えたらチェック ☐☐☐　♪ a02

☐ **shopping**
買い物

☐ **dancing**
踊り

☐ **fishing**
魚つり

☐ **drawing**
絵（線画）をかくこと

☐ **reading**
読書

☐ **camping**
キャンプ

☐ **hiking**
ハイキング

☐ **playing video games**
テレビゲームをすること

☐ **seeing movies**
映画を見ること

ワードボックス　♪ a03

☐ Japan 日本　　☐ Brazil ブラジル　　☐ Kenya ケニア　　☐ Singapore シンガポール
☐ Australia オーストラリア　　☐ China 中国　　☐ America アメリカ

ことば解説

国名や地名を表すことばは、文の中のどこであっても大文字で始めます。人名や曜日、月を表すことばも
大文字で始めます。

書いて練習のワーク

☆ 読みながらなぞって、1〜2回書きましょう。

shopping

買い物

dancing

踊り

fishing

魚つり

drawing

絵（線画）をかくこと

reading

読書

camping   hiking

キャンプ　　　　　　　　　　　ハイキング

playing video games

テレビゲームをすること

seeing movies

映画を見ること

 shopping、fishing、camping は、go といっしょに使って、go shopping（買い物に行く）、go fishing（魚つり
に行く）、go camping（キャンプに行く）のように言うことができるよ。

This is me! ① ― 2

基本のワーク

1 自分の名前や出身地の言い方

☑ 言えたらチェック □ □ □

I'm Emily. I'm from Singapore.
わたしはエミリーです。わたしはシンガポール出身です。

❉ 自分の名前を伝えるときは、**I'm 〜.**（わたしは〜です）と言います。「〜」には名前を入れます。

❉「わたしは〜出身です」は、**I'm from 〜.** と言います。「〜」には国名や地名を入れます。

🔊 声に出して言ってみよう　　に入ることばを入れかえて言いましょう。

I'm Emily . I'm from Singapore .

・Ryota ・Asha ・Bert　　　・Japan ・Brazil ・Kenya

📓 表現べんり帳

「わたしの名前は〜です」は、My name is 〜. と言います。

例 My name is Emily.
わたしの名前はエミリーです。

2 好きな遊びなどの言い方

☑ 言えたらチェック □ □ □

I like dancing.
わたしは踊りが好きです。

❉「わたしは〜が好きです」は、**I like 〜.** と言います。

🔊 声に出して言ってみよう　　に入ることばを入れかえて言いましょう。

I like dancing .　　・shopping ・fishing
　　　　　　　　　　・seeing movies

➕ ちょこっとプラス

「わたしは〜が好きではありません」は I don't like 〜. と言います。

例 I don't like fishing.
わたしは魚つりが好きではありません。

  3つ以上のものを並べるときは、コンマ（,）を使って、A, B, and C のように言います。コンマの前のことばは上げるように読み、最後のことばは下げるように読みます。例 I like dancing,（↗）shopping,（↗）and fishing.（↘）

書いて練習のワーク

⭐ 読みながらなぞって、もう1回書きましょう。

I'm Emily.

わたしはエミリーです。

I'm from Singapore.

わたしはシンガポール出身です。

I like dancing.

わたしは踊りが好きです。

I'm Ryota.

わたしはリョウタです。

I'm from Japan.

わたしは日本出身です。

I like fishing.

🎧 聞く
🎤 話す
📖 読む
✏️ 書く

わたしは魚つりが好きです。

 英語の トビラ　like には「〜が好きである」という意味の他に、「〜を気に入っている」という意味もあるよ。I like it. は「わたしはそれが好きです」という意味にもなるし、「わたしはそれを気に入っています」という意味にもなるよ。

聞いて練習のワーク

勉強した日 〉 月 日

できた数 ／8問中

🔊音声

教科書 6〜11ページ 答え 1ページ

1 音声を聞いて、絵の内容と合っていれば○、合っていなければ×を（ ）に書きましょう。

🎵 t01

(1)

( )

(2)

( )

(3)

( )

(4)

( )

2 音声を聞いて、だれがどこの国の出身か線で結びましょう。

🎵 t02

(1)  Jack

日本

(2) Aoi

オーストラリア

(3)  Pedro

アメリカ

(4)  Mary

ブラジル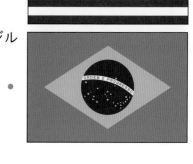

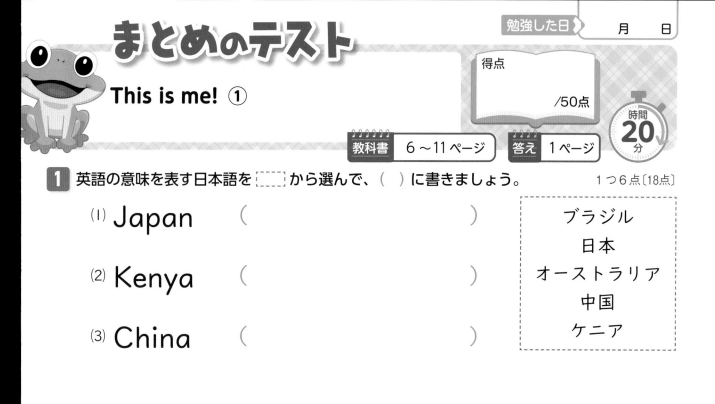

まとめのテスト

This is me! ①

得点 /50点

時間 20分

教科書 6〜11ページ　答え 1ページ

1 英語の意味を表す日本語を ⌐ ¬ から選んで、( ) に書きましょう。　1つ6点〔18点〕

(1) Japan 　　(　　　　　　　　　)

(2) Kenya 　　(　　　　　　　　　)

(3) China 　　(　　　　　　　　　)

⌐────────────¬
ブラジル
日本
オーストラリア
中国
ケニア
└────────────┘

2 日本語の意味を表す英語の文を ⌐ ¬ から選んで、 ═══ に書きましょう。　1つ8点〔32点〕

(1) わたしはヒロヤです。

(2) わたしはキャンプが好きです。

(3) わたしはケイトです。

(4) わたしは映画を見ることが好きです。

⌐──────────────────────────────────────¬
I'm Tom. / I'm Hiroya.
I'm Kate. / I like reading.
I like camping. / I like seeing movies.
└──────────────────────────────────────┘

聞く
話す
読む
書く

15

This is me! ② - 1

基本のワーク

学習の目標
色やスポーツを英語で言えるようになりましょう。

音声

教科書 6〜11ページ

色やスポーツを表すことばを覚えよう！

⭐ リズムに合わせて、声に出して言いましょう。　✓言えたらチェック □□□　♪a05

□ **pink**
もも

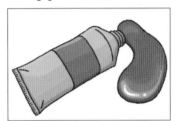

□ **purple**
むらさき

□ **blue**
青

□ **red**
赤

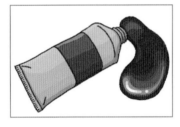

□ **white**
白

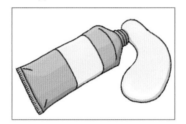

□ **black**
黒

□ **soccer**
サッカー

□ **tennis**
テニス

□ **baseball**
野球

ワードボックス　♪a06

- □ green 緑
- □ yellow 黄
- □ orange だいだい
- □ silver 銀
- □ gold 金
- □ dog(s) イヌ
- □ cat(s) ネコ
- □ panda(s) パンダ

ことば解説

色を表すことばは他に、yellow green（黄緑）、light［ライト］blue（水色）、gray［グレイ］（灰色）などもあります。さまざまな色の名前を覚えましょう。

書いて練習のワーク

⭐ 読みながらなぞって、2回書きましょう。

pink

もも

purple

むらさき

blue

青

red

赤

white

白

black

黒

soccer

サッカー

tennis

テニス

 聞く
 話す
読む
書く

baseball

野球

 英語の トビラ にじの色は外側から red、orange、yellow、green、blue、indigo〔インディゴウ〕（あい色）、violet〔ヴァイオレト〕（すみれ色）の順番。アメリカでは indigo をのぞいて 6 色とすることも多いよ。

This is me! ② ー 2

学習の目標・
好きな動物や色などを英語でたずねられるようになりましょう。

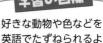

音声

基本のワーク

♪ a07

教科書 6〜11ページ

1 好きなもののたずね方

✓言えたらチェック □□□

What animal do you like?
あなたはどんな動物が好きですか。

✿「あなたはどんな[何の]〜が好きですか」は、**What 〜 do you like?** と言います。

✿ **what animal** は「どんな動物」、**what color** は「何の色」、**what sport** は「どんなスポーツ」という意味です。

声に出して言ってみよう   □□に入ることばを入れかえて言いましょう。

たずね方 What [animal] do you like?
↑
　· color · sport

📒表現べんり帳
animal, color, sport といったグループを表すことばも覚えましょう。他に food（食べ物）、subject（教科）などもあります。

2 好きなものの答え方

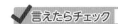
✓言えたらチェック □□□

I like dogs.
わたしはイヌが好きです。

✿「わたしは〜が好きです」は、**I like 〜.** と言います。

✿ある決まった1つではなく、その種類全体が好きだと言うときは、「〜」を複数形にします。

声に出して言ってみよう   □□に入ることばを入れかえて言いましょう。

答え方 I like [dogs].
↑
　· cats   · blue   · orange
　· soccer · tennis

📒表現べんり帳
I like 〜. の文の最後に very much [ヴェリィ マッチ]をつけると「大好きです」という意味になります。
例 I like dogs very much.
わたしはイヌが大好きです。

ステップアップ
「あなたは〜が好きですか」は、Do you like 〜? と言います。Yes, I do.（はい、好きです）や No, I don't.（いいえ、好きではありません）と答えます。例 Do you like dogs? ー Yes, I do.

書いて練習のワーク

☆ 読みながらなぞって、もう1回書きましょう。

What animal do you like?

あなたはどんな動物が好きですか。

I like dogs.

わたしはイヌが好きです。

What color do you like?

あなたは何の色が好きですか。

I like blue.

わたしは青が好きです。

What sport do you like?

あなたはどんなスポーツが好きですか。

I like soccer.

わたしはサッカーが好きです。

I like tennis.

わたしはテニスが好きです。

聞く　話す　読む　書く

 「青」に関することばの使い方は日本語と英語ではちがうことがあるよ。たとえば、「青信号」は green light [ライト]、「青リンゴ」は green apple のように、英語では green を使うよ。

Unit 1

聞いて練習のワーク

教科書　6〜11ページ　　答え　2ページ

1 音声を聞いて、絵の内容と合っていれば○、合っていなければ×を（　）に書きましょう。

♪ t03

(1)

（　　　　）

(2)
赤
（　　　　）

(3)
黄
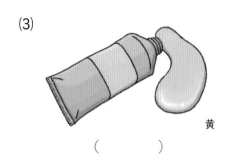
（　　　　）

(4)

（　　　　）

2 音声を聞いて、それぞれの人物が好きなものを下から選んで、記号を（　）に書きましょう。

♪ t04

	名　前	好きな色	好きな動物
(1)	Ken	（　　　）	（　　　）
(2)	Anna	（　　　）	（　　　）
(3)	Mika	（　　　）	（　　　）

ア　黒　　　　　イ　銀　　　　　ウ　白

エ　ネコ　　　　オ　パンダ　　　カ　イヌ

まとめのテスト

This is me! ②

得点

/50点

時間 20分

教科書 6〜11ページ　答え 2ページ

1 英語の意味を表す日本語を ⌇⌇⌇ から選んで、（ ）に書きましょう。　　1つ5点〔20点〕

(1) cat　　　　　（　　　　　　　　　　）

(2) dog　　　　　（　　　　　　　　　　）

(3) baseball　　（　　　　　　　　　　）

(4) purple　　　（　　　　　　　　　　）

> 野球　緑　パンダ　イヌ　金　ネコ　むらさき

2 質問に合う答えの文を ⌇⌇⌇ から選んで、＿＿ に書きましょう。　　1つ10点〔30点〕

(1) What animal do you like?

_____

_____

(2) What sport do you like?

_____

_____

(3) What color do you like?

_____

_____

> I like shopping. / I like pink.
> I like tennis. / I like pandas.
> I like Japan. / I like Australia.

聞く
話す
読む
書く

This is me! ③ー1

基本のワーク

学習の目標・
身の回りのものを英語で言えるようになりましょう。

音声

教科書 6〜11ページ

身の回りのものを表すことばを覚えよう！

⭐ リズムに合わせて、声に出して言いましょう。　✔言えたらチェック □□□　♪a08

☐ **bat**
バット　　　複bats

☐ **racket**
ラケット　　　複rackets

☐ **watch**
腕時計　　　複watches

☐ **mug**
マグカップ　　　複mugs

☐ **book**
本　　　複books

☐ **notebook**
ノート　　　複notebooks

☐ **bag**
かばん　　　複bags

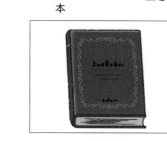

☐ **soccer ball**
サッカーボール　　　複soccer balls

☐ **treasure**
宝物　　　複treasures

ワードボックス　♪a09

☐ grandfather(s) おじいさん
☐ father(s) お父さん
☐ uncle(s) おじさん
☐ cousin(s) いとこ
☐ friend(s) 友達

☐ grandmother(s) おばあさん
☐ mother(s) お母さん
☐ aunt(s) おばさん
☐ classmate(s) クラスメート

複…複数形

書いて練習のワーク

✿ 読みながらなぞって、1〜2回書きましょう。

bat

バット

racket

ラケット

watch

腕時計

mug

マグカップ

book

本

notebook

ノート

bag

かばん

soccer ball

サッカーボール

treasure

宝物

 聞く

話す

読む

書く

英語のトビラ 日本語の「ノート」は英語では notebook と言うよ。英語の note [ノウト] には、「メモ」や「覚え書き」という意味の他に、「〜をメモする」や「〜を書き留める」という意味もあるよ。

23

Unit 1

This is me! ③ — 2

基本のワーク

勉強した日 ▶　　月　　日

学習の目標・
宝物のたずね方と答え方を英語で言えるようになりましょう。

🔊音声

♪a10　教科書　6〜11ページ

1 相手の宝物のたずね方

✔言えたらチェック □□□

What is your treasure?
あなたの宝物は何ですか。

✿「あなたの宝物は何ですか」は、**What is your treasure?** と言います。

🎧 **声に出して言ってみよう**　次の英語を言いましょう。

たずね方 **What is your treasure?**

💡思い出そう
What is は短く What's と言うこともできます。
例 What's your treasure?

2 自分の宝物の答え方

✔言えたらチェック □□□

**My treasure is this watch.
It's from my grandfather.**
わたしの宝物はこの腕時計です。わたしのおじいさんからもらいました。

✿「わたしの宝物は〜です」は、**My treasure is 〜.** と言います。

✿「〜からもらいました」は、**It's from 〜.** と言います。

🎧 **声に出して言ってみよう**　□に入ることばを入れかえて言いましょう。

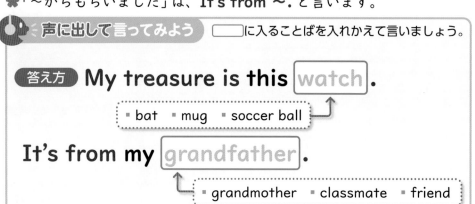

答え方 **My treasure is this** watch .
　・ bat　・ mug　・ soccer ball

It's from my grandfather .
　・ grandmother　・ classmate　・ friend

📝表現べんり帳
this には「これは」という意味がありますが、ものを表すことばの前に置かれると、「この〜」という意味になります。
例 this pen　このペン

ステップアップ　What is your treasure? には、My treasure is 〜. と答える他に、My treasure を It（それ）にかえて It's [It is] 〜.（それは〜です）と答えることもできます。

書いて練習のワーク

⭐ 読みながらなぞって、もう1回書きましょう。

What is your treasure?

あなたの宝物は何ですか。

My treasure is this watch.

わたしの宝物はこの腕時計です。

It's from my grandfather.

わたしのおじいさんからもらいました。

My treasure is this mug.

わたしの宝物はこのマグカップです。

It's from my classmate.

聞く
話す
読む
書く

わたしのクラスメートからもらいました。

 英語のトビラ｜ treasure（宝物）には「大事な人」という意味もあって、人について使うこともできるよ。
例 My baby［ベイビィ］is a treasure.　わたしの赤ちゃんは大事な人です。

Unit 1

聞いて練習のワーク

教科書 6〜11ページ　答え 3ページ

できた数　　／8問中

🔊音声

1 音声を聞いて、絵の内容と合っていれば○、合っていなければ×を（　）に書きましょう。

♪t05

(1)

（　　　　）

(2)

（　　　　）

(3)

（　　　　）

(4)

（　　　　）

2 音声を聞いて、それぞれの人物の宝物とそれをくれた人を（　）に日本語で書きましょう。

♪t06

	名　前	宝　物	宝物をくれた人
(1)	Yumi	（　　　　　　）	（　　　　　　）
(2)	Koji	（　　　　　　）	（　　　　　　）
(3)	Anna	（　　　　　　）	（　　　　　　）
(4)	Tom	（　　　　　　）	（　　　　　　）

まとめのテスト

This is me! ③

得点

/50点

時間 20分

教科書 6〜11ページ　答え 3ページ

1 日本語の意味を表す英語を ┌┄┐ から選んで、□ に書きましょう。　1つ5点〔20点〕

(1) ラケット

(2) サッカーボール

(3) ノート

(4) 腕時計

```
watch / bat / bag
notebook / soccer ball / racket
```

2 日本語の意味を表す英語の文を ┌┄┐ から選んで、□ に書きましょう。　1つ10点〔30点〕

(1) あなたの宝物は何ですか。

(2) 〔(1)に答えて〕　わたしの宝物はこの本です。

(3) 〔(2)に続けて〕　わたしのクラスメートからもらいました。

```
It's from my classmate. / What is your treasure?
My treasure is this book. / I like this book.
```

聞く
話す
読む
書く

My Daily Schedule ① — 1

基本のワーク

日常生活の動作を表すことばを覚えよう！

⭐ リズムに合わせて、声に出して言いましょう。　✓ 言えたらチェック □□□　♪a11

☐ **get up**

起きる

☐ **go to bed**

ねる

☐ **walk my dog**

イヌを散歩させる

☐ **go to school**

学校へ行く

☐ **do my homework**

宿題をする

☐ **have lunch**

昼食を食べる

☐ **brush my teeth**

歯をみがく

☐ **play soccer**

サッカーをする

☐ **go home**

家へ帰る

ワードボックス　♪a12

☐ always　いつも	☐ usually　たいてい、ふだん	☐ sometimes　ときどき	☐ never　決して〜ない
☐ one　1	☐ two　2	☐ three　3	☐ four　4
☐ five　5	☐ six　6	☐ seven　7	☐ eight　8
☐ nine　9	☐ ten　10	☐ eleven　11	☐ twelve　12

書いて練習のワーク

⭐ 読みながらなぞって、1〜2回書きましょう。

get up

起きる

go to bed

ねる

walk my dog

イヌを散歩させる

go to school

学校へ行く

do my homework

宿題をする

have lunch

昼食を食べる

brush my teeth

歯をみがく

play soccer

サッカーをする

go home

家へ帰る

🎧 聞く
🎤 話す
📖 読む
✏️ 書く

 英語のトビラ　go to bed は「ベッドへ行く」→「ねるためにベッドに入る」という動作を表す表現で、ねむっていることを表すわけではないよ。「ねむっている」という状態を表すのは sleep [スリープ] だよ。

My Daily Schedule ① ― 2

基本のワーク

学習の目標・
何時にするか英語で言えるようになりましょう。

音声

♪ a13　教科書 16～21 ページ

1 何時にするかのたずね方

✔言えたらチェック □□□

> **What time do you usually get up?**
> あなたはたいてい何時に起きますか。

✿ 「あなたは何時に〜しますか」は、**What time do you 〜?** と言います。「〜」には動作を表すことばを入れます。

✿ **usually** は「たいてい、ふだん」という意味で、**80%** 前後の頻度(ひんど)を表します。

声に出して言ってみよう　□に入ることばを入れかえて言いましょう。

たずね方 **What time do you usually [get up] ?**
　↑
　・go to bed　・do your homework　・play soccer

➕ ちょこっとプラス

頻度を表すことばには、「しばしば、よく」という意味の often [オーフン] もあります。often の頻度の目安は 60% 前後です。

2 何時にするかの答え方

✔言えたらチェック □□□

> **I usually get up at 7 a.m.**
> わたしはたいてい午前7時に起きます。

✿ 「わたしは…時に〜します」は、**I 〜 at 〈時刻(じこく)〉.** と言います。

✿ 頻度を表すことばには **usually** の他に、**always**（いつも）、**sometimes**（ときどき）、**never**（決して〜ない）などがあります。

声に出して言ってみよう　□に入ることばを入れかえて言いましょう。

答え方 **I usually [get up] at [7 a.m.]**
　↑　　　　　　↑
　・play soccer　・do my homework　　・3 p.m.　・6 p.m.
　・go to bed　　　　　　　　　　　　・10 p.m.

➕ ちょこっとプラス

頻度の目安
・always … 100%
・usually … 80% 前後
・sometimes
　… 30～40% 前後
・never … 0%

ステップ
アップ

習慣について言うときに、〈on ＋曜日〉（〜曜日に）や after [アフタァ] dinner（夕食後に）などのことばを使うこともできます。例 I always do my homework after dinner.　わたしはいつも夕食後に宿題をします。

書いて練習のワーク

⭐ 読みながらなぞって、もう1回書きましょう。

What time do you usually get up?

あなたはたいてい何時に起きますか。

I usually get up at 7 a.m.

わたしはたいてい午前7時に起きます。

What time do you usually play soccer?

あなたはたいてい何時にサッカーをしますか。

I usually play soccer at 3 p.m.

わたしはたいてい午後3時にサッカーをします。

月曜日から金曜日までの平日を weekday［ウィークデイ］と言い、土曜日と日曜日の週末をふつう weekend［ウィークエンド］と言うよ。

31

聞いて練習のワーク

できた数

／8問中

🎵音声

教科書 16～21ページ　答え 4ページ

1 音声を聞いて、絵の内容と合っていれば○、合っていなければ×を（　）に書きましょう。　🎵 t07

(1)

（　　　　）

(2)

（　　　　）

(3)

（　　　　）

(4)

（　　　　）

2 音声を聞いて、それぞれの行動を何時にするか、記号を（　）に書きましょう。　🎵 t08

	行 動	時 刻
(1)	歯をみがく	（　　　　）
(2)	昼食を食べる	（　　　　）
(3)	宿題をする	（　　　　）
(4)	ねる	（　　　　）

ア 7 a.m.　　イ 9 a.m.　　ウ 11 a.m.

エ 1 p.m.　　オ 3 p.m.　　カ 5 p.m.

キ 7 p.m.　　ク 9 p.m.　　ケ 11 p.m.

まとめのテスト

My Daily Schedule ①

勉強した日 　月　日

得点

/50点

時間 20 分

教科書 16～21 ページ　　答え 4 ページ

1 日本語の意味になるように ┆┈┈┆ から選んで、 ▭ に英語を書きましょう。　1つ10点〔30点〕

(1) あなたはたいてい何時にねますか。

What ▭ do you usually go to bed?

(2) [(1)に答えて] わたしはたいてい午後 10 時にねます。

I usually go to bed at ▭

(3) わたしはときどきイヌを散歩させます。

I ▭ walk my dog.

have / time / 10 p.m. / sometimes / colors

2 日本語の意味を表す英語の文を ┆┈┈┆ から選んで、 ▭ に書きましょう。　1つ10点〔20点〕

(1) あなたはたいてい何時にサッカーをしますか。

(2) [(1)に答えて]　わたしはたいてい午前 11 時にサッカーをします。

What time do you usually get up?
What time do you usually play soccer?
I usually play soccer at 11 a.m.
I never play soccer.

聞く
話す
読む
書く

My Daily Schedule ②－1

基本のワーク

学習の目標

日常生活の動作を英語で言えるようになりましょう。

🔊音声

日常生活の動作を表すことばを覚えよう！

⭐ リズムに合わせて、声に出して言いましょう。　✓言えたらチェック □□□　♪a14

□ **have breakfast**

朝食を食べる

□ **get the newspaper**

新聞を取る

□ **study English**

英語を勉強する

□ **clean my room**

部屋をそうじする

□ **have dinner**

夕食を食べる

□ **wash the dishes**

皿をあらう

□ **watch TV**

テレビを見る

□ **take a bath**

風呂に入る

□ **take out the garbage**

ごみを出す

ワードボックス

♪a15

□ Sunday　日曜日　　□ Monday　月曜日　　□ Tuesday　火曜日　　□ Wednesday　水曜日

□ Thursday　木曜日　　□ Friday　金曜日　　□ Saturday　土曜日

ことば解説

「〜時に」と言うときは時刻の前に at を、「〜曜日に」と言うときは曜日の前に on を置きます。

例　at 7:30 a.m.　午前 7 時 30 分に　　on Sunday　日曜日に

書いて練習のワーク

⭐ 読みながらなぞって、もう1回書きましょう。

have breakfast

朝食を食べる

get the newspaper

新聞を取る

study English

英語を勉強する

clean my room

部屋をそうじする

have dinner

夕食を食べる

wash the dishes

皿をあらう

watch TV

テレビを見る

take a bath

風呂に入る

take out the garbage

ごみを出す

聞く
話す
読む
書く

英語の
トビラ！ wash the dishes（皿をあらう）の the dishes は食事で使う皿などの食器類のことだよ。また、dish には皿
に盛った「料理」という意味もあるよ。

Unit 2

My Daily Schedule ② — 2

勉強した日▶   月   日

学習の目標・
何曜日に何をするかと、その頻度を英語で言えるようになりましょう。

🔊音声

基本のワーク

♪a16   教科書 16〜21 ページ

❶ 何曜日に何をするかの言い方

✅言えたらチェック ☐☐☐

> **I wash the dishes on Mondays, Fridays, and Sundays.**
> わたしは毎週月曜日、金曜日、日曜日に皿をあらいます。

✿「わたしは…曜日に〜します」は、I 〜 on 〈曜日〉. と言います。

✿「〜」には動作を表すことばを入れます。

🔘 声に出して言ってみよう　☐に入ることばを入れかえて言いましょう。

I wash the dishes on Mondays, Fridays, and Sundays.

↑
‧ get the newspaper　‧ watch TV

➕ちょこっとプラス
on Monday は「月曜日に」という意味です。曜日を複数形にして on Mondays とすると、「毎週月曜日はいつも」という意味になります。

❷ どれくらいの頻度で何をするかの言い方

✅言えたらチェック ☐☐☐

> **I never wash the dishes.**
> わたしはまったく皿をあらいません。

✿「わたしはまったく［決して］〜しません」は、I never 〜. と言います。

✿頻度を表すことばは、動作を表すことばの前に置きます。

🔘 声に出して言ってみよう　☐に入ることばを入れかえて言いましょう。

I never wash the dishes .

↑　　　　　　　↑
‧ always　‧ usually　　‧ get the newspaper　‧ walk my dog
‧ sometimes　　　　　‧ watch TV

➕ちょこっとプラス
「わたしは〜しません」は、ふつう I don't 〜. と言います。never を使うと、強い打ち消しの意味になります。

 「あなたはいつ〜しますか」とたずねるときは、When do you 〜? と言います。時間だけでなく、曜日をたずねることもできます。例 When do you wash the dishes? — I wash the dishes on Mondays.

書いて練習のワーク

⭐ 読みながらなぞって、もう1回書きましょう。

I wash the dishes on

Mondays, Fridays, and

Sundays.

わたしは毎週月曜日、金曜日、日曜日に皿をあらいます。

I never wash the dishes.

わたしはまったく皿をあらいません。

I usually walk my dog.

わたしはふだんイヌを散歩させます。

I sometimes watch TV.

わたしはときどきテレビを見ます。

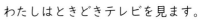

 「映画を見る」は see a movie、または watch a movie と言うよ。ふつう、映画館で見るときには see、家で
テレビや DVD で見るときには watch を使うよ。

聞いて練習のワーク

教科書 16～21 ページ　答え 4ページ

1 音声を聞いて、英語に合う絵を下から選んで、記号を（　）に書きましょう。　♪ t09

(1) （　　　）　　(2) （　　　）　　(3) （　　　）　　(4) （　　　）

ア　　　　　　　　　　　　　イ

ウ　　　　　　　　　　　　　エ

2 音声を聞いて、それぞれの人物がどれくらいの頻度で何をするか線で結びましょう。

♪ t10

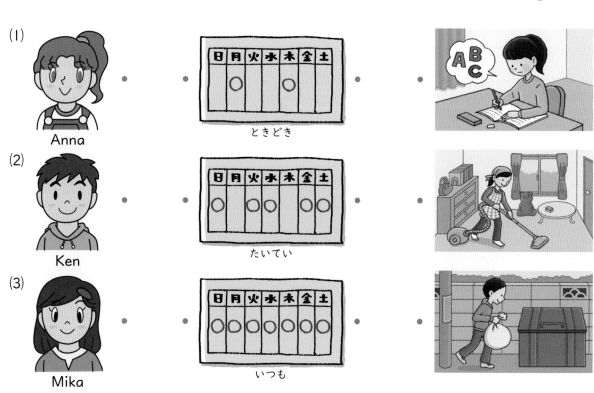

(1) Anna

日 月 火 水 木 金 土
ときどき

(2) Ken

日 月 火 水 木 金 土
たいてい

(3) Mika

日 月 火 水 木 金 土
いつも

まとめのテスト

My Daily Schedule ②

得点

/50点

時間 20分

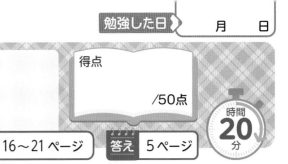

1 日本語の意味を表す英語になるように線で結びましょう。　1つ4点〔20点〕

(1) ごみを出す　　take out ・　　・ the dishes

(2) 風呂に入る　　take ・　　・ the garbage

(3) 新聞を取る　　get ・　　・ a bath

(4) 夕食を食べる　have ・　　・ the newspaper

(5) 皿をあらう　　wash ・　　・ dinner

2 日本語の意味を表す英語の文を ⋯⋯ から選んで、____ に書きましょう。　1つ10点〔30点〕

(1) わたしは毎週水曜日にテレビを見ます。

(2) わたしは毎週月曜日と金曜日に英語を勉強します。

(3) わたしはときどきイヌを散歩させます。

> I usually take a bath at 7 p.m.
> I sometimes walk my dog.
> I study English on Mondays and Fridays.
> I watch TV on Wednesdays.

聞く
話す
読む
書く

勉強した日　月　日

My Weekend ① − 1

基本のワーク

 音声

過去にした動作を表すことばを覚えよう！

⭐ リズムに合わせて、声に出して言いましょう。

 言えたらチェック □□□ ♪a17

□ **went**

行った

□ **enjoyed**

楽しんだ

□ **ate**

食べた

□ **saw**

見た、見えた

□ **had**

持っていた

□ **made**

作った

□ **played**

演奏した、〈スポーツなどを〉した

□ **watched**

〈テレビなどを〉見た

過去のことを言うときは、eat（食べる）→ ate（食べた）のように動作を表すことばの形が変わるんだね。

ワードボックス

♪a18

□ **park(s)** 公園　　□ **department store(s)** デパート　　□ **stadium(s)** スタジアム
□ **pudding** プリン　　□ **parfait(s)** パフェ　　□ **shopping** 買い物　　□ **fishing** 魚つり

ことば解説

enjoyed のあとには、遊びなどを表すことばや、-ing で終わる動作を表すことばを置くことができます。
例 enjoyed tag [タッグ] おにごっこを楽しんだ　　enjoyed watching TV テレビを見ることを楽しんだ

書いて練習のワーク

⭐ 読みながらなぞって、2回書きましょう。

went

行った

enjoyed

楽しんだ

ate

食べた

saw

見た、見えた

had

持っていた

made

作った

played

演奏した、〈スポーツなどを〉した

watched

〈テレビなどを〉見た

🎧 聞く
🎤 話す
📖 読む
✏️ 書く

 saw には「見た、見えた」という意味の他に「（人に）会った」という意味もあるよ。see にも「見る、見える」と「会う」の両方の意味があるよ。

41

My Weekend ① − 2

基本のワーク

① 行った場所の言い方

☑言えたらチェック □□□

I went to the park.
わたしは公園へ行きました。

✤「わたしは〜へ行きました」は、I went to 〜. と言います。

✤ went（行った）は過去のことを表すときに使います。went は go（行く）が変化した形です。

🔊 声に出して 言ってみよう 　□に入ることばを入れかえて言いましょう。

I went to the park .

↑

・a restaurant　・the department store　・the stadium

➕ ちょこっとプラス

動作を表すことばは、過去のことを表すとき、形が変わります。この形を過去形といいます。
例 go → went

② 楽しんだこと・食べたものの言い方

☑言えたらチェック □□□

I enjoyed playing soccer.
わたしはサッカーをすることを楽しみました。

✤「わたしは〜を楽しみました」は、I enjoyed 〜. と言います。

✤ enjoyed（楽しんだ）は、enjoy（楽しむ）の過去のことを表す形です。

✤ ate（食べた）は、eat（食べる）の過去のことを表す形です。

🔊 声に出して 言ってみよう 　□に入ることばを入れかえて言いましょう。

I enjoyed playing soccer .

↑

・ate pudding　・enjoyed shopping　・enjoyed watching baseball

📝 表現べんり帳

相手の発言を聞いて、良いと感じたら、Cool![クール]（すごいね！）やSounds nice![サウンツナイス]（よさそうだね！）などと返しましょう。

ステップアップ　過去のことを表す形には、①〜ed の形になるもの（enjoy → enjoyed）と、②〜ed の形にならないもの（go → went）があります。

書いて練習のワーク

⭐ 読みながらなぞって、もう1回書きましょう。

I went to the park.

わたしは公園へ行きました。

I enjoyed playing soccer.

わたしはサッカーをすることを楽しみました。

I went to a restaurant.

わたしはレストランへ行きました。

I ate pudding.

わたしはプリンを食べました。

I went to the stadium.

わたしはスタジアムへ行きました。

 英語の トピラ！ department store を、日本語では短く「デパート」と言うけれど、これは英語では通じないよ。「スーパー」 も、英語では supermarket と言うよ。

聞いて練習のワーク

できた数

/7問中

1 音声を聞いて、英語に合う絵を下から選んで、記号を（ ）に書きましょう。 ♪ t11

(1) （   ）   (2) （   ）   (3) （   ）   (4) （   ）

ア

イ

ウ

エ

2 音声を聞いて、それぞれが行った場所を（ ）に日本語で書き、そこで楽しんだことを下から選んで、記号を（ ）に書きましょう。

♪ t12

	行った場所	楽しんだこと
(1)	（ ）	（ ）
(2)	（ ）	（ ）
(3)	（ ）	（ ）

ア　サッカーをすること　　イ　ラグビーをすること

ウ　テニスを見ること　　　エ　野球を見ること

オ　買い物　　　　　　　　カ　魚つり

まとめのテスト

My Weekend ①

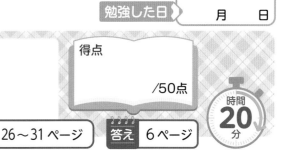

得点 /50点

教科書 26〜31 ページ 答え 6 ページ 時間 20分

1 日本語の意味になるように から選んで、 に英語を書きましょう。 1つ8点〔32点〕

(1) わたしはラケットを持っていました。

I _____ a racket.

(2) わたしはプリンを作りました。

I _____ pudding.

(3) わたしは家へ帰りました。

I _____ home.

(4) わたしはテレビを見ました。

I _____ TV.

```
watched
enjoyed
go
had
went
made
```

2 日本語の意味を表す英語の文を から選んで、 に書きましょう。 1つ9点〔18点〕

(1) わたしはスタジアムへ行きました。

_____

(2) わたしはパフェを食べました。

_____

```
I played baseball.
I ate a parfait.
I enjoyed hiking.
I went to a stadium.
```

聞く
話す
読む
書く

My Weekend ② ― 1

基本のワーク

学習の目標・
感想や様子を表すこと
ばを英語で言えるよう
になりましょう。

🔊音声

教科書 26〜31 ページ

感想や様子を表すことばを覚えよう！

⭐ リズムに合わせて、声に出して言いましょう。　✓言えたらチェック □□□　♪a20

☐ **nice**

すてきな、親切な

☐ **good**

良い

☐ **great**

すばらしい、すごい

☐ **amazing**

おどろくほどすばらしい

☐ **wonderful**

すばらしい、おどろくべき

☐ **beautiful**

美しい

☐ **fun**

楽しいこと

☐ **exciting**

わくわくさせる

☐ **interesting**

おもしろい

ワードボックス　　　　　　　　　　　　　　　　　　　　　　　　　♪a21

☐ sushi　すし　　　　　　　　　　　　☐ curry and rice　カレーライス
☐ hamburger(s)　ハンバーガー　　　　☐ cake(s)　ケーキ
☐ donut(s)　ドーナツ　　　　　　　　☐ shaved ice　かき氷
☐ baseball　野球　　　　　　　　　　☐ tennis　テニス
☐ rugby　ラグビー　　　　　　　　　☐ badminton　バドミントン

書いて練習のワーク

☆読みながらなぞって、1〜2回書きましょう。

nice

すてきな、親切な

good

良い

great

すばらしい、すごい

amazing

おどろくほどすばらしい

wonderful

すばらしい、おどろくべき

beautiful

美しい

fun

楽しいこと

exciting

わくわくさせる

interesting

おもしろい

聞く
話す
読む
書く

「その試合はわくわくしました」と言うときは、The game was exciting. と言うよ。「わたしはわくわくしました」と言うときは excited ［イクサイティド］を使って、I was excited. のように言うよ。

47

My Weekend ②-2
基本のワーク

学習の目標・
週末にしたことやその感想を英語で言えるようになりましょう。

音声

♪ a22　教科書 26〜31ページ

1 週末の感想のたずね方
✓言えたらチェック □□□

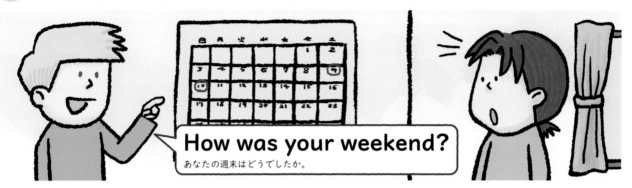

How was your weekend?
あなたの週末はどうでしたか。

✿「あなたの週末はどうでしたか」は、**How was your weekend?** と言います。

🎧 声に出して言ってみよう　次の英語を言いましょう。

たずね方 **How was your weekend?**

➕ちょこっとプラス
現在のことを言うときは is、過去のことを言うときは was を使います。

2 週末の感想としたことの答え方
✓言えたらチェック □□□

It was nice. I ate curry and rice.
すてきでした。わたしはカレーライスを食べました。

✿「(それは)〜でした」は、**It was 〜.** と言います。「〜」には感想や様子を表すことばを入れます。
✿「わたしは〜を食べました」は、**I ate 〜.** と言います。ate（食べた）は eat（食べる）が変化した形で、過去のことを表すときに使います。

🎧 声に出して言ってみよう　□に入ることばを入れかえて言いましょう。

答え方 **It was** nice **. I** ate curry and rice **.**
・great　・fun　・exciting
・ate shaved ice　・played tennis
・watched rugby

➕ちょこっとプラス
過去のことを言うときは、went、saw、ate などの過去の動作を表すことばを使います。was も「〜だった」という意味で、過去のことを表すことばです。

　「〜はどうでしたか」と感想や様子をたずねる表現を覚えましょう。
例 How was your trip [トゥリップ]？　あなたの旅行はどうでしたか。

書いて練習のワーク

⭐ 読みながらなぞって、もう1回書きましょう。

How was your weekend?

あなたの週末はどうでしたか。

It was nice.

すてきでした。

I ate curry and rice.

わたしはカレーライスを食べました。

It was exciting.

わくわくしました。

I watched rugby.

わたしはラグビーを見ました。

聞く
話す
読む
書く

 英語のトリビア rugby は、イングランドのラグビーという町にあるラグビー校という学校で始まったので、この名前がついたと言われているよ。英語で「ラグビー選手」はふつう rugby player。「ラガーマン」とは言わないよ。

Unit 3

聞いて練習のワーク

勉強した日 ▶ 月 日

できた数

/8問中

1 音声を聞いて、英語に合う絵を下から選んで、記号を（ ）に書きましょう。 ♪t13

(1)（　　　）　　(2)（　　　）　　(3)（　　　）　　(4)（　　　）

ア

イ

ウ

エ

2 音声を聞いて、それぞれの人物が週末にしたことを（ ）に日本語で書き、表を完成させましょう。

♪t14

	名　前	週末にしたこと
(1)	Kenta	（　　　　　　　　）を食べた
(2)	Mary	ラグビーを（　　　　　　　）
(3)	Yuka	カレーライスを（　　　　　　　）
(4)	Ted	（　　　　　　　）をした

教科書 26〜31ページ　答え 6ページ

まとめのテスト

My Weekend ②

得点　　　/50点

教科書　26〜31 ページ　　答え　7 ページ

時間 **20** 分

1 日本語の意味を表す英語になるように線で結びましょう。　　　1つ5点〔20点〕

(1) すしを食べた　　　ate　　・　　・tennis

(2) テニスをした　　　played　・　　・sushi

(3) 野球を見た　　　watched・　　・home

(4) 家へ帰った　　　went　　・　　・baseball

2 日本語の意味を表す英語の文を ┊┈┈┊ から選んで、▭ に書きましょう。　　1つ10点〔30点〕

(1) あなたの週末はどうでしたか。

(2) [(1)に答えて] 良かったです。

(3) [(2)に続けて] わたしはハンバーガーを食べました。

> What is your treasure? / How was your weekend?
> It was beautiful. / It was good.
> I ate a hamburger. / I enjoyed shopping.

聞く　話す　読む　書く

51

Sounds and Letters

🔊音声

教科書 14〜15 ページ、24〜25 ページ 34〜35 ページ

答え 7 ページ

1 音声を聞いて、共通する最初の文字を○で囲みましょう。 ♪ t15

(1)

(f　s)

(2)

(c　m)

2 音声を聞いて、共通する最初の文字を線で結びましょう。 ♪ t16

(1)

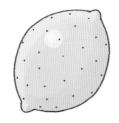 

・ s
・ l

(2)

 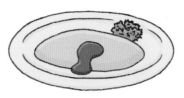

10月

・ e
・ o

(3)

・ j
・ m

3 音声を聞いて、それぞれの絵が表す単語の最初の文字を線で結びましょう。 ♪t17

(1) 　(2) 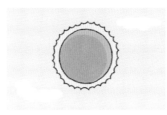　(3)

| s | t | k |

4 音声を聞いて、最初の音が同じなら〇、ちがっていたら×を（　）に書きましょう。

(1) 　

（　　　）

♪t18

(2) 　

（　　　）

注意深く
聞こう！

(3) 　

（　　　）

53

Let's see the world. — 1

基本のワーク

学習の目標・
国名を英語で言えるようになりましょう。

 音声

教科書 38〜43 ページ

国名を表すことばを覚えよう！

⭐ リズムに合わせて、声に出して言いましょう。 ✓ 言えたらチェック □□□ ♪ a23

□ **Australia**

オーストラリア

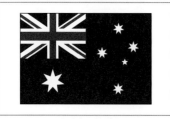

□ **Egypt**

エジプト

□ **Germany**

ドイツ

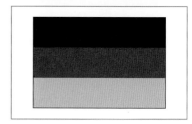

□ **Italy**

イタリア

□ **Peru**

ペルー

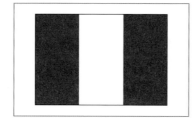

□ **Thailand**

タイ

□ **France**

フランス

□ **China**

ちゅうごく
中国

□ **country**

複 countries

国

ワードボックス ♪ a24

□ the Colosseum　コロッセオ　　□ the pyramids　ピラミッド　　□ Machu Picchu　マチュピチュ
□ Uluru　ウルル　　□ the Eiffel Tower　エッフェル塔　　□ the Great Wall　ばんりちょうじょう 万里の長城

発音コーチ

カタカナ語との発音のちがいや、強く読むところに気をつけましょう。

Austrália　Égypt　Ítaly　Perú　Tháiland　Fránce

※▼のついているところが強く読むところです。

複…複数形

書いて練習のワーク

☆ 読みながらなぞって、2回書きましょう。

Australia

オーストラリア

Egypt

エジプト

Germany

ドイツ

Italy

イタリア

Peru

ペルー

Thailand

タイ

France

フランス

China

中国

country

国

聞く
話す
読む
書く

「外国の」は foreign〔フォーリン〕と言うよ。foreign を使うことばには次のようなものがあるよ。
例 foreign country 外国 foreign language〔ラングウィヂ〕 外国語

Let's see the world. — 2

基本のワーク

学習の目標
動作や食べ物、動物を英語で言えるようになりましょう。

🔊 音声

教科書 38〜43ページ

動作、食べ物、動物を表すことばを覚えよう！

⭐ リズムに合わせて、声に出して言いましょう。　✓ 言えたらチェック ☐☐☐　♪ a25

☐ **see**

見る、見える

☐ **eat**

食べる

☐ **buy**

買う

☐ **ride**

乗る

☐ **visit**

^{ほうもん}訪問する

☐ **sausage**  複 sausages

ソーセージ

☐ **hamburger**  複 hamburgers

ハンバーガー

☐ **elephant** 複 elephants

ゾウ

☐ **camel** 複 camels

ラクダ

📦 **ワードボックス**　♪ a26

☐ nice	すてきな、親切な	☐ exciting	わくわくさせる	☐ interesting	おもしろい
☐ famous	有名な	☐ great	すばらしい、すごい	☐ wonderful	すばらしい、おどろくべき
☐ beautiful	美しい	☐ cute	かわいい	☐ delicious	とてもおいしい
☐ bitter	苦い	☐ sweet	あまい	☐ spicy	からい、ぴりっとした
☐ sour	すっぱい	☐ salty	塩からい	☐ soft	やわらかい
☐ hard	かたい	☐ cold	冷たい、寒い	☐ hot	熱い、暑い

複…複数形

書いて練習のワーク

⭐ 読みながらなぞって、1〜2回書きましょう。

see

見る、見える

eat

食べる

buy

買う

ride

乗る

visit

訪問する

sausage

ソーセージ

hamburger

ハンバーガー

elephant

ゾウ

 聞く
 話す
読む
書く

camel

ラクダ

 英語のトビラ　hamburger には「ハンバーグ」という意味もあるよ。ドイツのハンブルク（Hamburg）という地方のひき肉を使った料理がアメリカに伝わったことから、この名前になったと言われているよ。

Let's see the world. — 3

基本のワーク

① 行きたい国のたずね方

✓ 言えたらチェック □□□

Where do you want to go?
あなたはどこへ行きたいですか。

✿「あなたはどこへ行きたいですか」は、Where do you want to go? と言います。

✿ where は「どこへ、どこに」という意味です。

🔊 声に出して 言ってみよう　次の英語を言いましょう。

たずね方 **Where do you want to go?**

💡思い出そう

Where is 〜? は「〜はどこですか」という意味です。
例 Where is the library?
図書館はどこですか。

② 行きたい国の答え方

✓ 言えたらチェック □□□

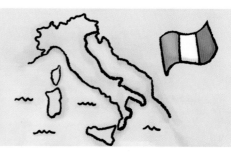

I want to go to Italy.
わたしはイタリアへ行きたいです。

✿「わたしは〜へ行きたいです」は、I want to go to 〜. と言います。

✿「〜」には行きたい場所を表すことばを入れます。

🔊 声に出して 言ってみよう　□ に入ることばを入れかえて言いましょう。

答え方 **I want to go to [Italy].**

・France　・Germany　・Thailand

📖表現べんり帳

Where do you want to go? とたずねられたら、Italy. のように国名だけを答えることもできます。

ステップアップ　I want to go to のあとにしせつや建物を表すことばを入れて、行きたい場所を言うこともできます。
例 I want to go to the park.　わたしは公園へ行きたいです。

書いて練習のワーク

☆読みながらなぞって、もう1回書きましょう。

Where do you want to go?

あなたはどこへ行きたいですか。

I want to go to Italy.

わたしはイタリアへ行きたいです。

Where do you want to go?

あなたはどこへ行きたいですか。

I want to go to France.

わたしはフランスへ行きたいです。

I want to go to Germany.

聞く
話す
読む
書く

わたしはドイツへ行きたいです。

 英語のトビラ　Uluru（ウルル）はオーストラリアにある世界最大の一枚岩。ウルルはオーストラリアの先住民であるアボリ
ジニの呼び方で、イギリスの探検家がつけたエアーズロック（Ayers Rock）という名前でも知られているよ。

Unit 4

Let's see the world. — 4

基本のワーク

勉強した日 ▶　月　日

学習の目標
英語で、できることを言ったり、誘ったりできるようになりましょう。

🔊音声

♪a28　教科書 38〜43ページ

① 行きたい国でできることの言い方

☑言えたらチェック □□□

You can see the Colosseum.
It's beautiful.
あなたはコロッセオを見ることができます。それは美しいです。

❋「あなたは〜することができます」は、**You can 〜.** と言います。

❋「それは〜です」は **It's 〜.** と言います。

🎧 声に出して言ってみよう　□に入ることばを入れかえて言いましょう。

You can see the Colosseum **.**

- see the Eiffel Tower
- eat chocolate
- ride an elephant

It's beautiful **.**

- wonderful　- delicious　- exciting

📝 表現べんり帳

国を紹介するときに、「〜は…な国です」と言うこともできます。
例 Italy is a beautiful country.
イタリアは美しい国です。

② 相手を誘うときの言い方

☑言えたらチェック □□□

Let's go to Italy.
イタリアへ行きましょう。

❋「〜へ行きましょう」は、**Let's go to 〜.** と言います。

❋「〜」には、相手を誘いたい国や場所を表すことばを入れます。

🎧 声に出して言ってみよう　□に入ることばを入れかえて言いましょう。

Let's go to Italy **.**

- France　- Germany　- Thailand

📝 表現べんり帳

Let's 〜.は、「〜しましょう」という意味です。「〜」には動作を表すことばを入れます。

60

ステップアップ

「あなたは〜を知っていますか」は、「知っている」という意味の know［ノゥ］を使って、Do you know 〜? と言います。例 Do you know the Colosseum? あなたはコロッセオを知っていますか。

書いて練習のワーク

☆読みながらなぞって、もう1回書きましょう。

You can see the Colosseum.

あなたはコロッセオを見ることができます。

It's beautiful.

それは美しいです。

Let's go to Italy.

イタリアへ行きましょう。

You can ride an elephant.

あなたはゾウに乗ることができます。

It's exciting.

それはわくわくさせます。

Let's go to Thailand.

タイへ行きましょう。

聞く
話す
読む
書く

China（中国）の最初の文字を小文字で書いて china とすると、「陶磁器、食器類」という意味になるよ。陶磁器が中国から世界に広まったことからこう呼ばれるようになったよ。

61

聞いて練習のワーク

教科書 38〜43ページ　答え 8ページ

できた数　／8問中

 音声

1 音声を聞いて、英語に合う絵を下から選んで、記号を（　）に書きましょう。　♪ t19

(1) (　　　)　(2) (　　　)　(3) (　　　)　(4) (　　　)

ア　中国

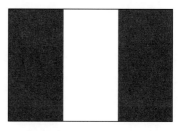
イ　ペルー

ウ　オーストラリア

エ　フランス

2 音声を聞いて、それぞれの国で何ができるかとその感想・様子を記号で（　）に書きましょう。　♪ t20

	国	できること	感想・様子
(1)	オーストラリア	(　　　)	(　　　)
(2)	イタリア	(　　　)	(　　　)
(3)	アメリカ	(　　　)	(　　　)
(4)	エジプト	(　　　)	(　　　)

ア　ハンバーガーを食べる　　イ　コロッセオを見る
ウ　ウルルを訪問する　　　　エ　ラクダに乗る
オ　かわいい　　　　　　　　カ　とてもおいしい
キ　美しい　　　　　　　　　ク　わくわくさせる

まとめのテスト

Let's see the world.

得点 /50点

教科書 38〜43 ページ 答え 8 ページ

時間 20分

1 日本語の意味を表す英語になるように線で結びましょう。 1つ5点〔20点〕

(1) ソーセージを買う　buy ・　・ an elephant

(2) エッフェル塔を見る　see ・　・ the Colosseum

(3) ゾウに乗る　ride ・　・ sausages

(4) コロッセオを訪問する　visit ・　・ the Eiffel Tower

2 日本語の意味を表す英語の文を から選んで、 に書きましょう。 1つ10点〔30点〕

(1) あなたはどこへ行きたいですか。

(2) 〔(1)に答えて〕 わたしはタイへ行きたいです。

(3) 〔(2)に続けて〕 タイへ行きましょう。

> How was your weekend?
> Where do you want to go?
> I want to go to Thailand.
> I went to a restaurant.
> Let's go to Thailand.

Where is it from? — 1

基本のワーク

学習の目標
身の回りのものを英語で言えるようになりましょう。

教科書 48〜53 ページ

身の回りのものを表すことばを覚えよう！

⭐ リズムに合わせて、声に出して言いましょう。　✓ 言えたらチェック ☐☐☐　♪a29

☐ **sweater** 複sweaters
セーター

☐ **pants** 複数扱い
ズボン

☐ **shirt** 複shirts
シャツ

☐ **T-shirt** 複T-shirts
Tシャツ

☐ **cap** 複caps
（ふちのない）ぼうし

☐ **pen** 複pens
ペン

☐ **pencil** 複pencils
えんぴつ

☐ **eraser** 複erasers
消しゴム

☐ **ruler** 複rulers
定規

ワードボックス
♪a30

☐ Japan 日本
☐ China 中国
☐ Canada カナダ
☐ Europe ヨーロッパ
☐ North America 北アメリカ

☐ India インド
☐ France フランス
☐ New Zealand ニュージーランド
☐ Asia アジア
☐ South America 南アメリカ

☐ Egypt エジプト
☐ the U.K. イギリス
☐ Brazil ブラジル
☐ Africa アフリカ
☐ Oceania オセアニア

複…複数形

書いて練習のワーク

⭐ 読みながらなぞって、2回書きましょう。

sweater

セーター

pants

ズボン

shirt

シャツ

T-shirt

Tシャツ

cap

（ふちのない）ぼうし

pen

ペン

pencil

えんぴつ

eraser

消しゴム

ruler

定規

 英語の
トビラ 「Tシャツ」は形がTの字に似ていることからその名前になったと言われているよ。「ワイシャツ」はYの形ではなく、日本に入ってきたときに white shirt（白いシャツ）がそう聞こえたからだと言われているよ。

Where is it from? — 2

基本のワーク

学習の目標・
自分の持ち物について英語で言えるようになりましょう。

♪ a31　教科書 48〜53 ページ

① 自分の持ち物を紹介する言い方

✓ 言えたらチェック ☐☐☐

This is my T-shirt.
これはわたしのTシャツです。

❀「これはわたしの〜です」は、**This is my 〜.** と言います。

❀「〜」にはものを表すことばが入ります。

🔊 声に出して言ってみよう　◻に入ることばを入れかえて言いましょう。

This is my [T-shirt].
　　　　　　↑
　　　　 ▪sweater ▪cap ▪pen

➕ ちょこっとプラス

This is 〜. は人を紹介するときにも使います。
例 This is Aya.
　こちらはアヤです。

② 生産国とその国がある地域の言い方

✓ 言えたらチェック ☐☐☐

It's from China.
China is in Asia.
それは中国製です。中国はアジアにあります。

❀「それは〜製［産］です」は、**It's from 〜.** と言います。「〜」には生産国を入れます。

❀「〈国〉は〈地域〉にあります」は、**〈国〉is in〈地域〉.** と言います。

🔊 声に出して言ってみよう　◻に入ることばを入れかえて言いましょう。

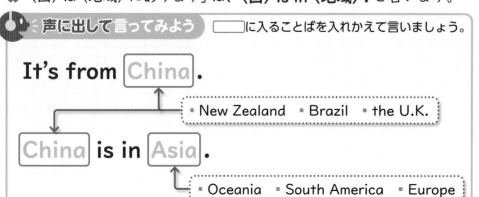

It's from [China].
　　　　　　↑
　　　 ▪New Zealand ▪Brazil ▪the U.K.

[China] is in [Asia].
　　　　　　　　↑
　　　 ▪Oceania ▪South America ▪Europe

📝 表現べんり帳

生産国をたずねるときは、Where is it from?（それはどこから来ましたか）と言います。

in のあとに国名や地名を入れて、有名な建物などがある場所について説明することもできます。
例 The Eiffel Tower is in France.　エッフェル塔はフランスにあります。

書いて練習のワーク

☆ 読みながらなぞって、もう1回書きましょう。

This is my T-shirt.

これはわたしのTシャツです。

It's from China.

それは中国製です。

China is in Asia.

中国はアジアにあります。

This is my sweater.

これはわたしのセーターです。

It's from New Zealand.

それはニュージーランド製です。

New Zealand is in Oceania.

ニュージーランドはオセアニアにあります。

聞く
話す
読む
書く

 英語の
トビラ 中国にある「万里の長城」は the Great Wall と言うよ。great は「すばらしい、すごい」、wall は「壁」とい
う意味だよ。

勉強した日 ▶　　月　　日

Where is it from? ― 3

基本のワーク

食べ物を表すことばを覚えよう！

⭐ リズムに合わせて、声に出して言いましょう。　　☑ 言えたらチェック ☐☐☐☐　♪ a32

☐ **beef**

牛肉

☐ **chicken**

とり肉

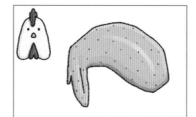

☐ **pork**

ぶた肉

☐ **salmon**

サケ

☐ **banana** 複 bananas

バナナ

☐ **pineapple** 複 pineapples

パイナップル

☐ **lemon** 複 lemons

レモン

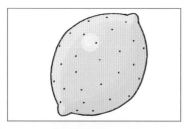

☐ **lettuce**

レタス

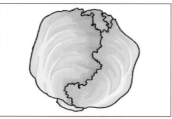

☐ **onion** 複 onions

タマネギ

☐ **tomato** 複 tomatoes

トマト

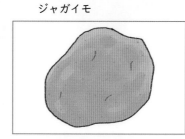

☐ **potato** 複 potatoes

ジャガイモ

☐ **mushroom** 複 mushrooms

キノコ

複…複数形

書いて練習のワーク

⭐ 読みながらなぞって、1～2回書きましょう。

beef
牛肉

pork
ぶた肉

chicken
とり肉

salmon
サケ

banana
バナナ

pineapple
パイナップル

lemon
レモン

onion
タマネギ

lettuce
レタス

tomato
トマト

potato
ジャガイモ

mushroom
キノコ

聞く
話す
読む
書く

英語のトビラ

「ジャガイモ」は potato と言うけど、「サツマイモ」は sweet potato と言うよ。

Where is it from? — 4

基本のワーク

❶ オリジナルのサンドイッチのたずね方

☑ 言えたらチェック □□□

Tell me about your sandwich.
あなたのサンドイッチについてわたしに教えてください。

✿「あなたのサンドイッチについてわたしに教えてください」は、
Tell me about your sandwich. と言います。

🔊 声に出して言ってみよう　次の英語を言いましょう。

たずね方 **Tell me about your sandwich.**

📝 表現べんり帳

Tell me about 〜. は「〜についてわたしに教えてください」という意味です。

例 Tell me about China.
中国についてわたしに教えてください。

❷ オリジナルのサンドイッチの答え方

☑ 言えたらチェック □□□

My sandwich is a BOT sandwich.
B is for beef. O is for onion.
T is for tomato.
わたしのサンドイッチは BOT サンドイッチです。
B は牛肉を表しています。O はタマネギを表しています。T はトマトを表しています。

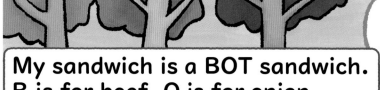

✿「わたしのサンドイッチは〜サンドイッチです」は、My sandwich is 〜 sandwich. と言います。
✿「〈頭文字〉は〜を表しています」は、〈頭文字〉is for 〜. と言います。

🔊 声に出して言ってみよう　□□□に入ることばを入れかえて言いましょう。

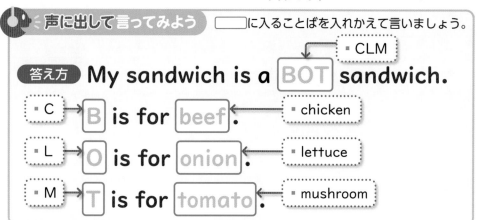

答え方 **My sandwich is a [BOT] sandwich.**
・ CLM

・ C → B is for [beef]. ← ・ chicken
・ L → O is for [onion]. ← ・ lettuce
・ M → T is for [tomato]. ← ・ mushroom

➕ ちょこっとプラス

頭文字とは、英語のことばの一文字目のことです。
例 beef
　 onion
　 tomato

ステップ アップ　「〜の」という言い方には、your（あなた（たち）の）、my（わたしの）の他に、our［アゥア］（わたしたちの）、his［ヒズ］（彼の）、her［ハ］（彼女の）、their［ゼァ］（彼らの、彼女らの、それらの）などがあります。

書いて練習のワーク

⭐ 読みながらなぞって、もう1回書きましょう。

Tell me about your sandwich.

あなたのサンドイッチについてわたしに教えてください。

My sandwich is a BOT
sandwich.

わたしのサンドイッチは BOT サンドイッチです。

B is for beef.

B は牛肉を表しています。

O is for onion.

O はタマネギを表しています。

T is for tomato.

T はトマトを表しています。

聞く
話す
読む
書く

英語の
トビラ 電話などでアルファベットを伝えるとき、G for golf［ガルフ］（ゴルフの G）などのように伝えるよ。これは
聞きまちがいを防ぐために使うもので、「フォネティックコード」と言うよ。

聞いて練習のワーク

できた数

／7問中

🔊音声

教科書 48〜53 ページ　答え 9 ページ

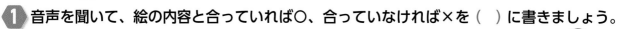

1 音声を聞いて、絵の内容と合っていれば○、合っていなければ×を（　）に書きましょう。

🎵t21

(1)

（　　　　）

(2)

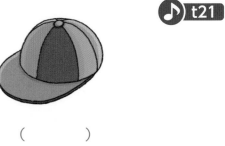

（　　　　）

(3)

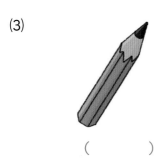

（　　　　）

(4)

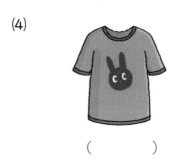

（　　　　）

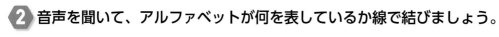

2 音声を聞いて、アルファベットが何を表しているか線で結びましょう。

🎵t22

(1)

P ・

・

(2)

B ・

・

(3)

L ・

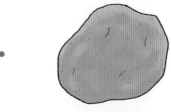

・

まとめのテスト

Where is it from?

勉強した日 ▷ 月 日

得点 /50点

教科書 48〜53ページ 答え 9ページ

時間 20分

1 英語の意味を表す日本語を ⌇⌇⌇ から選んで、（ ）に書きましょう。 1つ5点〔10点〕

(1) Oceania （ 　　　　　　 ）

(2) Europe （ 　　　　　　 ）

> アジア　　オセアニア　　ヨーロッパ

2 日本語の意味になるように、〔 〕内のことばを並_{なら}べかえて、＝＝ に英語を書きましょう。
文の最初にくることばは大文字で書きはじめましょう。 1つ10点〔40点〕

(1) これはわたしのシャツです。

〔 my / is / shirt / this 〕.

●

(2) 〔(1)に続けて〕 それはニュージーランド製です。

〔 from / it's / New Zealand 〕.

●

(3) あなたのサンドイッチについてわたしに教えてください。

〔 me / sandwich / tell / your / about 〕.

●

(4) 〔(3)に答えて〕 わたしのサンドイッチは CLM サンドイッチです。

〔 is / sandwich / a / my / CLM sandwich 〕.

●

聞く
話す
読む
書く

Save the animals. ① — 1

基本のワーク

学習の目標
生き物を英語で言える
ようになりましょう。

音声

教科書 60〜65 ページ

生き物を表すことばを覚えよう！

⭐ リズムに合わせて、声に出して言いましょう。

✓ 言えたらチェック ☐ ☐ ☐   ♪ a34

☐ **sea turtle**
複 sea turtles
ウミガメ

☐ **jellyfish**
複 jellyfish
クラゲ

☐ **lion**
複 lions
ライオン

☐ **zebra** 複 zebras
シマウマ

☐ **bear** 複 bears
クマ

☐ **snake** 複 snakes
ヘビ

☐ **panda** 複 pandas
パンダ

☐ **giraffe** 複 giraffes
キリン

☐ **frog** 複 frogs
カエル

Word ワードボックス

♪ a35

☐ tiger(s) トラ	☐ camel(s) ラクダ	☐ gorilla(s) ゴリラ	
☐ fox(es) キツネ	☐ horse(s) ウマ	☐ penguin(s) ペンギン	
☐ dolphin(s) イルカ	☐ crab(s) カニ	☐ desert 砂漠	
☐ sea 海	☐ mountain(s) 山	☐ river(s) 川	
☐ savanna サバンナ	☐ forest(s) 森	☐ rainforest(s) 熱帯雨林	

複…複数形

書いて練習のワーク

⭐ 読みながらなぞって、1〜2回書きましょう。

sea turtle

ウミガメ

jellyfish

クラゲ

lion

ライオン

zebra

シマウマ

bear

クマ

snake

ヘビ

panda

パンダ

giraffe

キリン

frog

カエル

英語のトビラ 「タンポポ」は英語では dandelion［ダンディライオン］と言うよ。「ライオンの歯」を意味するフランス語の dent de lion からきているんだ。葉の形がライオンの歯のようにギザギザしているからだよ。

聞く
話す
読む
書く

Unit 6

Save the animals. ① — 2

基本のワーク

勉強した日　月　日

学習の目標：生き物が暮らしている場所を英語で言えるようになりましょう。

♪ a36　教科書 60〜65ページ

① 生き物が暮らしている場所のたずね方

言えたらチェック ☐☐☐

Where do sea turtles live?
ウミガメはどこに暮らしていますか。

❀「〜はどこに暮らしていますか」は、**Where do 〜 live?** と言います。

🎧 声に出して言ってみよう　◻︎に入ることばを入れかえて言いましょう。

たずね方 **Where do** sea turtles **live?**
・lions ・gorillas ・foxes ・snakes

表現べんり帳
「あなたはどこに住んでいますか」は、**Where do you live?** と言います。

② 生き物が暮らしている場所の答え方

言えたらチェック ☐☐☐

Sea turtles live in the sea.
ウミガメは海に暮らしています。

❀「〜は…に暮らしています」は、**〜 live in ....** と言います。

🎧 声に出して言ってみよう　◻︎に入ることばを入れかえて言いましょう。

答え方 Sea turtles **live in** the sea.
・Lions ・Gorillas ・Foxes ・Snakes
・the savanna ・forests ・mountains ・rainforests

表現べんり帳
「わたしは神戸に住んでいます」は、**I live in Kobe.** と言います。

ステップアップ Lions live in the savanna.（ライオンはサバンナに暮らしています）などのように、その種類の生き物全体について言うときは、生き物を表すことばを複数形にします。

書いて練習のワーク

☆ 読みながらなぞって、もう1回書きましょう。

Where do sea turtles live?

ウミガメはどこに暮らしていますか。

Sea turtles live in the sea.

ウミガメは海に暮らしています。

Where do lions live?

ライオンはどこに暮らしていますか。

Lions live in the savanna.

ライオンはサバンナに暮らしています。

Where do gorillas live?

ゴリラはどこに暮らしていますか。

Gorillas live in forests.

🎧 聞く
🎤 話す
📖 読む
✏️ 書く

ゴリラは森に暮らしています。

 live には「生きる」「住む」という意味もあるよ。
例 We live on the earth. わたしたちは地球に住んでいます。

聞いて練習のワーク

できた数

／8問中

教科書 60〜65 ページ　　答え 10 ページ

1 音声を聞いて、絵の内容と合っていれば○、合っていなければ×を（　）に書きましょう。

♪ t23

(1)

（　　　　　）

(2)

（　　　　　）

(3)

（　　　　　）

(4)

（　　　　　）

2 音声を聞いて、それぞれの生き物がどこに暮らしているか（　）に日本語で書きましょう。

♪ t24

	生き物	暮らしている場所
(1)	ライオン	（　　　　　　　　　　　）
(2)	ゴリラ	（　　　　　　　　　　　）
(3)	ペンギン	（　　　　　　　　　　　）
(4)	キツネ	（　　　　　　　　　　　）

Save the animals. ①

得点

/50点

教科書 60〜65ページ　答え 10ページ

時間 20分

1 英語の意味を表す日本語を　　から選んで、（　）に書きましょう。

1つ6点〔18点〕

(1) rainforest （　　　　　　　　　）

(2) savanna 　（　　　　　　　　　）

(3) desert 　　（　　　　　　　　　）

山
サバンナ
砂漠
熱帯雨林
海

2 日本語の意味になるように、〔　〕内のことばを並べかえて、　　に英語を書きましょう。
文の最初にくることばは大文字で書きはじめましょう。

1つ8点〔32点〕

(1) クラゲはどこに暮らしていますか。

〔 live / do / jellyfish / where 〕?

?

(2) 〔(1)に答えて〕　クラゲは海に暮らしています。

〔 in / live / the sea / jellyfish 〕.

.

(3) パンダはどこに暮らしていますか。

〔 pandas / do / where / live 〕?

?

(4) 〔(3)に答えて〕　パンダは森に暮らしています。

〔 in / forests / pandas / live 〕.

.

聞く
話す
読む
書く

勉強した日 ▶ 月　日

Save the animals. ② ― 1

基本のワーク

音声

教科書 60〜65 ページ

生き物の問題やできることを表すことばを覚えよう！

⭐ リズムに合わせて、声に出して言いましょう。　☑ 言えたらチェック □□□　a37

☐ **global warming**
おんだん か
地球温暖化

☐ **hunting**
か　しゅりょう
狩り、狩猟

☐ **plastic** 複plastics
プラスチック

☐ **save energy**
エネルギーを節約する

☐ **forest loss**
森林がなくなること

☐ **use eco-friendly bags**
エコバッグを使う

☐ **plant trees**
木を植える

☐ **refuse**
ことわる

☐ **reduce**
へらす

☐ **reuse**
再利用する

☐ **recycle**
再生利用する

refuse、reduce、reuse、recycleは共通する頭文字のRをとって、4Rsと呼ばれているよ。

複…複数形

書いて練習のワーク

⭐ 読みながらなぞって、もう1回書きましょう。

global warming

地球温暖化

hunting

狩り、狩猟

plastic

プラスチック

save energy

エネルギーを節約する

forest loss

森林がなくなること

use eco-friendly bags

エコバッグを使う

plant trees

木を植える

refuse

ことわる

reduce

へらす

聞く
話す
読む
書く

reuse

再利用する

recycle

再生利用する

 eco-friendly bags（エコバッグ）の eco-friendly は「環境に優しい」という意味だよ。

Unit 6

Save the animals. ② ― 2

基本のワーク

勉強した日 月 日

学習の目標 生き物の問題とできることについて英語で言えるようになりましょう。

🔊 音声

♪ a38 ｜ 教科書 60〜65ページ

❶ 生き物を救いましょうという言い方

✔ 言えたらチェック ☐☐☐

Let's save the sea turtles.
ウミガメを救いましょう。

✿「〜を救いましょう」は、**Let's save 〜.** と言います。「〜」には救いたい生き物の名前を入れます。

🎧 **声に出して言ってみよう** ☐に入ることばを入れかえて言いましょう。

Let's save the sea turtles .

⬆ penguins ・ tigers ・ gorillas

➕ **ちょこっとプラス**
save には危険や害などから、あるものを「救う」という意味があります。

❷ 生き物のためにできることの言い方

✔ 言えたらチェック ☐☐☐

Plastic is a big problem.
We can use
eco-friendly bags.
プラスチックは大きな問題です。
わたしたちはエコバッグを使うことができます。

✿「〜は大きな問題です」は、**〜 is a big problem.** と言います。

✿「わたしたちは〜することができます」は、**We can 〜.** と言います。

🎧 **声に出して言ってみよう** ☐に入ることばを入れかえて言いましょう。

Plastic **is a big problem.**

⬆ ・Global warming ・Hunting ・Forest loss

We can use eco-friendly bags .

⬆ ・save energy ・stop hunting ・plant trees

📝 **表現べんり帳**
相手の発言を聞いて、その考えが良いと思ったら、**Nice idea!** [アイディーア]（すてきな考えです！）などと言いましょう。

 ステップアップ 「ビニール袋」は plastic bag、「ペットボトル」は plastic bottle [バトゥル] と言います。カタカナなので英語のように見えますが、英語では通じないので注意しましょう。

書いて練習のワーク

☆読みながらなぞって、もう1回書きましょう。

Let's save the sea turtles.

ウミガメを救いましょう。

Plastic is a big problem.

プラスチックは大きな問題です。

We can use eco-friendly
bags.

わたしたちはエコバッグを使うことができます。

Hunting is a big problem.

狩りは大きな問題です。

We can stop hunting.

聞く
話す
読む
書く

わたしたちは狩りをやめることができます。

海の生き物がとても小さなプラスチックを飲み込んでしまうと、うまく消化されずに健康を害してしまうことが注目されているよ。この問題の対策として、エコバッグや紙ストローが広がっているんだ。

聞いて練習のワーク

できた数

/8問中

教科書 60～65 ページ　答え 11 ページ

① 音声を聞いて、英語に合う絵を下から選んで、記号を（　）に書きましょう。

(1) (　　　　)　(2) (　　　　)　(3) (　　　　)　(4) (　　　　)

ア

イ

ウ

エ

② 音声を聞いて、どの生き物を救おうと呼びかけているか、記号を（　）に書きましょう。

♪ t26

	救おうと呼びかけている生き物
(1)	(　　　　)
(2)	(　　　　)
(3)	(　　　　)
(4)	(　　　　)

ア　トラ　　イ　キリン　　ウ　ウミガメ
エ　ゴリラ　オ　ペンギン　カ　イルカ

Save the animals. ②

得点

/50点

教科書 60〜65 ページ　答え 11 ページ

時間 **20**分

1 日本語の意味になるように [ ] から選んで、___ に英語を書きましょう。　1つ8点〔32点〕

(1) わたしたちはTシャツを再利用することができます。

We can _____ T-shirts.

(2) わたしたちはプラスチックをへらすことができます。

We can _____ plastic.

(3) わたしたちは木を植えることができます。

We can _____ .

(4) わたしたちはエネルギーを節約することができます。

We can _____ .

refuse / reuse / reduce
save energy / stop hunting / plant trees

2 日本語の意味を表す英語の文を [ ] から選んで、___ に書きましょう。　1つ9点〔18点〕

(1) ゴリラを救いましょう。

_____

(2) 森林がなくなることは大きな問題です。

_____

Forest loss is a big problem.
This is my sweater. / Let's save the gorillas.

85

Sounds and Letters

　音声

プラスワーク

教科書	46〜47 ページ、58〜59 ページ 68〜69 ページ

答え 11 ページ

① 音声を聞いて、共通する最初の文字を線で結びましょう。　 t27

(1)

・ z

・ s

(2)

・ f

・ v

(3)

・ p

・ y

② 音声を聞いて、共通する最初の文字を○で囲みましょう。　 t28

(1)

（ q　f ）

(2)

（ a　e ）

3 音声を聞いて、真ん中の音が同じなら〇、ちがっていたら×を（ ）に書きましょう。 🎵 t29

(1)

 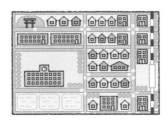

（　　　）

(2)

赤

（　　　）

(3)

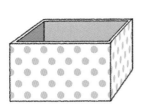 

（　　　）

4 音声を聞いて、それぞれの絵が表す単語の最初の2文字を線で結びましょう。 🎵 t30

(1) 　(2) 　(3)

| wh | th | sh |

学習の目標
学校行事を英語で言えるようになりましょう。

🔊 音声

My Best Memory — 1
基本のワーク

教科書 72〜77 ページ

学校行事を表すことばを覚えよう！

⭐ リズムに合わせて、声に出して言いましょう。　✓ 言えたらチェック □□□　♪ a39

□ **school trip**
　　　複 school trips
修学旅行

□ **swimming meet**
　　　複 swimming meets
水泳競技会
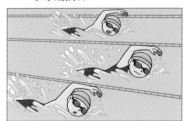

□ **field trip**
　　　複 field trips
遠足、社会科見学

□ **sports day**
　　　複 sports days
運動会

□ **summer vacation**
　　　複 summer vacations
夏休み

□ **volunteer day**
　　　複 volunteer days
ボランティアの日

□ **school festival**
　　　複 school festivals
学園祭

□ **music festival**
　　　複 music festivals
音楽祭

□ **drama festival**
　　　複 drama festivals
学芸会

ワードボックス　♪ a40

□ went　行った　　□ ate　食べた　　□ saw　見た、見えた　　□ enjoyed　楽しんだ
□ made　作った　　□ played　演奏した、（スポーツなどを）した

発音コーチ

カタカナ語との発音のちがいや、強く読むところに気をつけましょう。
swimming　volunteer　music　drama

※ ▼のついているところが強く読むところです。

複…複数形

書いて練習のワーク

☆ 読みながらなぞって、もう1回書きましょう。

school trip

修学旅行

swimming meet

水泳競技会

field trip

遠足、社会科見学

sports day

運動会

summer vacation

夏休み

volunteer day

ボランティアの日

school festival

学園祭

music festival

音楽祭

drama festival

学芸会

 運動会（sports day）で行われる競技で、「二人三脚」は three-legged race［スリー レッグド レイス］、「つな引き」は tug-of-war［タグ アヴ ウォーァ］と言うよ。

My Best Memory — 2

基本のワーク

🔊音声

♪ a41　教科書　72〜77 ページ

---

1 一番の思い出のたずね方

✔言えたらチェック ▢▢▢

What's your best memory?
あなたの一番の思い出は何ですか。

❉「あなたの一番の思い出は何ですか」は、**What's your best memory?** と言います。

🔊 声に出して **言ってみよう**　次の英語を言いましょう。

たずね方 **What's your best memory?**

➕ ちょこっとプラス
your は「あなた(たち)の」という意味です。

---

2 一番の思い出の答え方

✔言えたらチェック ▢▢▢

My best memory is our school trip.
わたしの一番の思い出は修学旅行です。

❉「わたしの一番の思い出は〜です」は、**My best memory is 〜.** と言います。

❉ my は「わたしの」、our は「わたしたちの」という意味です。

🔊 声に出して **言ってみよう**　▢に入ることばを入れかえて言いましょう。

答え方 **My best memory is**  **our school trip** .

- our field trip
- our music festival
- the summer vacation

📝 表現べんり帳
行事があった月を加えて言うこともできます。
例 My best memory is our field trip in May.
わたしの一番の思い出は5月の遠足です。

ステップアップ
What's your best memory? には、My best memory is 〜. と答えますが、My best memory を It にかえて、It's 〜.(それは〜です)と答えることもできます。

書いて練習のワーク

★ 読みながらなぞって、もう1回書きましょう。

What's your best memory?

あなたの一番の思い出は何ですか。

My best memory is our school trip.

わたしの一番の思い出は修学旅行です。

What's your best memory?

あなたの一番の思い出は何ですか。

My best memory is our field trip.

わたしの一番の思い出は遠足です。

 「入学式」は entrance ceremony ［エントゥランス セレモウニィ］、「卒業式」は graduation ceremony ［グラヂュエ
イション セレモウニィ］と言うよ。

🔊 音声

My Best Memory — 3
基本のワーク

♪ a42 📖 教科書 72〜77ページ

① 思い出の行事でしたことの言い方

✓ 言えたらチェック ☐☐☐

We went to Kyoto.
わたしたちは京都へ行きました。

❀「わたしたちは〜へ行きました」は、**We went to 〜.** と言います。「〜」には場所を表すことばを入れます。

❀ **went** は **go**（行く）が変化した形で、過去のことを表すときに使います。

🔊 声に出して 言ってみよう ☐☐に入ることばを入れかえて言いましょう。

We | went to Kyoto |**.**

- ate ice cream   - played the piano   - enjoyed camping

💡 思い出そう

過去にした動作を表すことばには次のようなものがあります。
・went   行った
・enjoyed 楽しんだ
・ate   食べた

② 思い出の行事についての感想や様子の言い方

✓ 言えたらチェック ☐☐☐

It was great.
すばらしかったです。

❀「（それは）〜でした」は、**It was 〜.** と言います。「〜」には感想や様子を表すことばを入れます。

🔊 声に出して 言ってみよう ☐☐に入ることばを入れかえて言いましょう。

It was | great |**.**

- delicious   - exciting   - fun

📝 表現べんり帳

会話の最後には、Nice talking［トーキング］to you.（あなたとお話しできてよかったです）と相手に伝えましょう。

ステップ アップ It was fun. は「（それは）楽しかったです」という意味です。「すごく楽しかった」と強調して言いたいときは、It was a lot of［ア ラット オヴ］fun. や It was really［リーアリィ］fun. などと言います。

書いて練習のワーク

⭐読みながらなぞって、もう1回書きましょう。

We went to Kyoto.

わたしたちは京都へ行きました。

It was great.

すばらしかったです。

We played the piano.

わたしたちはピアノを演奏しました。

It was exciting.

わくわくしました。

We enjoyed camping.

わたしたちはキャンプを楽しみました。

It was fun.

楽しかったです。

🎧聞く
🎤話す
📖読む
✏️書く

 相手の思い出について「～はどうでしたか」と感想をたずねるときは、How was ～? と言うよ。
例 How was your school trip?　あなた（たち）の修学旅行はどうでしたか？

93

Unit 7

聞いて練習のワーク

教科書 72～77 ページ　答え 12 ページ

でき た 数

/8問中

音声

1 音声を聞いて、絵の内容と合っていれば〇、合っていなければ×を（ ）に書きましょう。

♪ t31

(1)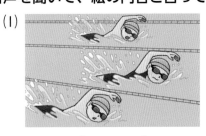

（　　　　）

(2)

（　　　　）

(3)

（　　　　）

(4)

（　　　　）

2 音声を聞いて、したことと、その感想を下から選んで、記号を（ ）に書きましょう。

♪ t32

	したこと	感 想
(1)	（　　）	（　　）
(2)	（　　）	（　　）
(3)	（　　）	（　　）
(4)	（　　）	（　　）

ア　アイスクリームを食べた　　イ　ピアノを演奏した

ウ　京都に行った　　エ　キャンプを楽しんだ

オ　わくわくした　　カ　楽しかった

キ　とてもおいしかった　　ク　すばらしかった

まとめのテスト

My Best Memory

1 英語の意味を表す日本語を [____] から選んで、（　）に書きましょう。　1つ5点〔10点〕

(1) made 　　　　　（　　　　　　　　　）

(2) went 　　　　　（　　　　　　　　　）

> 楽しんだ　食べた
> 行った　作った

2 日本語の意味を表す英語の文を [____] から選んで、〓〓 に書きましょう。　1つ10点〔20点〕

(1) あなたの一番の思い出は何ですか。

_____
_____
_____

(2) [(1)に答えて]　わたしの一番の思い出は音楽祭です。

_____
_____
_____
_____

> What color do you like?
> What's your best memory?
> My best memory is our music festival.

3 テッドの発表原稿を読んで、内容に合うように（　）に日本語を書きましょう。1つ10点〔20点〕

> My best memory is the summer vacation.
>
> I enjoyed camping. I ate curry and rice.
>
> It was delicious.

(1) テッドの一番の思い出は（　　　　　　　　　　　　　　）です。

(2) テッドは（　　　　　　　　　　　　）を食べました。

聞く
話す
読む
書く

My Future, My Dream ① ー 1

基本のワーク

部活動を表すことばを覚えよう！

⭐ リズムに合わせて、声に出して言いましょう。　　✓言えたらチェック ☐☐☐ 🎵a43

☐ **baseball team**
複 baseball teams
野球部

☐ **basketball team**
複 basketball teams
バスケットボール部

☐ **volleyball team**
複 volleyball teams
バレーボール部

☐ **soccer team**
複 soccer teams
サッカー部

☐ **tennis team**
複 tennis teams
テニス部

☐ **table tennis team**
たっきゅう　複 table tennis teams
卓球部

☐ **badminton team**
複 badminton teams
バドミントン部

☐ **art club**
複 art clubs
美術部

☐ **chorus** 複 choruses
合唱部

ワードボックス　🎵a44

☐ softball team(s)　ソフトボール部　　☐ dance team(s)　ダンス部
☐ brass band(s)　ブラスバンド部　　☐ cooking club(s)　料理部　　☐ drama club(s) えんげき 演劇部

ことば解説

運動系の部活動には team を、文化系の部活動には club を使うことが多いです。

複…複数形

書いて練習のワーク

✿ 読みながらなぞって、1～2回書きましょう。

baseball team

野球部

basketball team

バスケットボール部

volleyball team

バレーボール部

soccer team

サッカー部

tennis team

テニス部

table tennis team

卓球部

badminton team

バドミントン部

art club

美術部

chorus

合唱部

 聞く
 話す
読む
 書く

 日本では部活動は中学3年間同じということが多いけど、アメリカでは秋・冬・春の季節ごとに別のものを選ぶことができるよ。夏休みが3か月間もあるので、夏には部活動はないよ。

Unit 8

My Future, My Dream ① — 2

基本のワーク

学習の目標
入りたい部活動を英語
で言えるようになりま
しょう。

♪ a45　教科書 82〜87 ページ

---

① 入りたい部活動のたずね方

✓言えたらチェック ▢▢▢

What club do you want to join?
あなたは何部に入りたいですか。

✿「あなたは何部に入りたいですか」は、What club do you want to join? と言います。

🔊 声に出して言ってみよう　次の英語を言いましょう。

たずね方 **What club do you want to join?**

➕ ちょこっとプラス
what club は「何の部
活動」、join は「〜に加
わる」という意味です。

---

② 入りたい部活動の答え方

✓言えたらチェック ▢▢▢

I want to join the volleyball team.
わたしはバレーボール部に入りたいです。

✿「わたしは〜に入りたいです」は、I want to join 〜. と言います。「〜」には入りたい部活動
を表すことばが入ります。

🔊 声に出して言ってみよう　▢に入ることばを入れかえて言いましょう。

答え方 **I want to join the** ⌈volleyball team⌋ **.**

- art club　　　• chorus
- cooking club　• table tennis team

📓 表現べんり帳
「わたしは〜部に入って
います」は、I'm in the
〜 club. や I'm on the
〜 team. と言います。
例 I'm in the art club.
わたしは美術部に入っ
ています。

 「わたしは中学校で〜部に入りたいです」と言うときは、in junior high school [デューニャ ハイ スクール] を使っ
て、I want to join the 〜 club[team] in junior high school. と言います。

書いて練習のワーク

☆ 読みながらなぞって、もう1回書きましょう。

What club do you want to join?

あなたは何部に入りたいですか。

I want to join the volleyball team.

わたしはバレーボール部に入りたいです。

What club do you want to join?

あなたは何部に入りたいですか。

I want to join the art club.

わたしは美術部に入りたいです。

I want to join the cooking club.

わたしは料理部に入りたいです。

聞く
話す
読む
書く

 英語の
トビラ 部活動を英語で言うとき、club や team を使うことが多いけれど、使わないこともあるよ。「合唱部」は chorus、「ブラスバンド部」は brass band と言うよ。

聞いて練習のワーク

教科書 82〜87 ページ　答え 13 ページ

できた数

／8問中

♪音声

1 音声を聞いて、絵の内容と合っていれば○、合っていなければ×を（ ）に書きましょう。

♪ t33

(1)

（　　　　）

(2)
（　　　　）

(3)

（　　　　）

(4)

（　　　　）

2 音声を聞いて、それぞれの人物が入りたい部活動を（ ）に日本語で書きましょう。

♪ t34

	名　前	入りたい部活動
(1)	Anna	（　　　　　　　　　　）
(2)	Mika	（　　　　　　　　　　）
(3)	Tom	（　　　　　　　　　　）
(4)	Ken	（　　　　　　　　　　）

My Future, My Dream ①

得点

/50点

時間 **20** 分

教科書 82〜87 ページ　答え 14 ページ

1 次の部活動を表す英語の意味を日本語で（　）に書きましょう。　　　　1つ5点〔20点〕

(1) badminton team （　　　　　　　　　　）

(2) softball team （　　　　　　　　　　）

(3) chorus （　　　　　　　　　　）

(4) basketball team （　　　　　　　　　　）

2 日本語の意味になるように、〔　〕内のことばを並べかえて、▭▭ に英語を書きましょう。
文の最初にくることばは大文字で書きはじめましょう。　　　　　　　　1つ10点〔30点〕

(1) あなたは何部に入りたいですか。

〔 want / to / you / do / what / club 〕 join?

_____ join?

(2) 〔(1)に答えて〕　わたしは料理部に入りたいです。

〔 want / I / join / to 〕 the cooking club.

_____

the cooking club.

(3) 〔(1)に答えて〕　わたしは演劇部に入りたいです。

〔 to / the drama club / I / join / want 〕.

_____

_____ •

聞く
話す
読む
書く

101

My Future, My Dream ② — 1

基本のワーク

職業を表すことばを覚えよう！

⭐ リズムに合わせて、声に出して言いましょう。　✔言えたらチェック □□□　♪a46

☐ **volleyball player**
複 volleyball players
バレーボール選手

☐ **soccer player**
複 soccer players
サッカー選手

☐ **baker**　複 bakers
パン焼き職人

☐ **cook**　複 cooks
コック、料理人

☐ **scientist**
複 scientists
科学者

☐ **vet**　複 vets
獣医

☐ **teacher**
複 teachers
先生

☐ **police officer**
複 police officers
警察官

☐ **doctor**　複 doctors
医者

ワードボックス　♪a47

☐ English	英語	☐ science	理科
☐ P.E.	体育	☐ programming	プログラミング
☐ dancing	踊り	☐ drawing	絵（線画）をかくこと
☐ help people	人々を手伝う	☐ save animals	動物を救う
☐ work in Africa	アフリカで働く	☐ abroad	外国で
☐ an international businessperson	国際実業家		

複…複数形

書いて練習のワーク

☆ 読みながらなぞって、1～2回書きましょう。

volleyball player

バレーボール選手

soccer player

サッカー選手

baker

パン焼き職人

cook

コック、料理人

scientist

科学者

vet

獣医

teacher

先生

police officer

警察官

doctor

医者

英語の
とびら！　将来なりたい職業なんて、まだ分からない場合もあるよね。「まだ分かりません」は、I don't know [ノウ] yet
[イェット]. / I'm not sure [シュア] yet. / I have no idea [アイディーア]. などと言うよ。

My Future, My Dream ② ー 2

基本のワーク

学習の目標・
なりたい職業を英語で言えるようになりましょう。

 音声

♪a48 | 教科書 82〜87 ページ

① 将来（しょうらい）なりたい職業のたずね方 ✓言えたらチェック □□□

What do you want to be?
あなたは何になりたいですか。

❋「あなたは何になりたいですか」は、**What do you want to be?** と言います。

🔊 声に出して 言ってみよう　次の英語を言いましょう。

たずね方 **What do you want to be?**

➕ ちょこっとプラス

want to be 〜は「〜になりたい」という意味です。

② 将来なりたい職業の答え方 ✓言えたらチェック □□□

I want to be a volleyball player.
I want to play volleyball abroad.
わたしはバレーボール選手になりたいです。わたしは外国でバレーボールをしたいです。

❋「わたしは〜になりたいです」は、**I want to be 〜.** と言います。

❋「わたしは〜したいです」は、**I want to 〜.** と言います。

🔊 声に出して 言ってみよう　□□に入ることばを入れかえて言いましょう。

答え方 **I want to be a** volleyball player.

・scientist ・doctor ・vet

I want to play volleyball abroad.

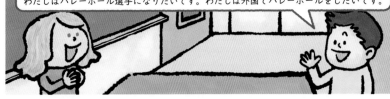
・work in Africa ・help people ・save animals

📝 表現べんり帳

なりたい職業を言うとき、in the future［イン ザ フューチャ］（将来は）をつけることもあるよ。

例 I want to be a teacher in the future.
将来は、先生になりたいです。

 ステップアップ　相手に将来の夢をたずねるとき、I want to know［ノウ］your dream［ドゥリーム］.（わたしはあなたの夢を知りたいです）と言ったあとに、What do you want to be? とたずねると会話が自然に続きます。

書いて練習のワーク

⭐ 読みながらなぞって、もう1回書きましょう。

What do you want to be?

あなたは何になりたいですか。

I want to be a volleyball player.

わたしはバレーボール選手になりたいです。

I want to play volleyball abroad.

わたしは外国でバレーボールをしたいです。

I want to be a scientist.

聞く

話す

読む

書く

わたしは科学者になりたいです。

 英語の トビラ! 会話では、want to を短くして wanna [ワナ] と言うこともあるよ。書きことばで使うことは少ないよ。
例 I want to go to France. ＝ I wanna go to France.　わたしはフランスへ行きたいです。

Unit 8

聞いて練習のワーク

教科書 82～87 ページ 　答え 14 ページ

1 音声を聞いて、絵の内容と合っていれば○、合っていなければ×を（ ）に書きましょう。

♪ t35

(1)
（　　　　）

(2)
（　　　　）

(3)
（　　　　）

(4)
（　　　　）

2 音声を聞いて、それぞれの人物がなりたい職業を（ ）に日本語で書きましょう。♪ t36

	名　前	なりたい職業
(1)	Kate	（　　　　　　　　　　　　）
(2)	Rina	（　　　　　　　　　　　　）
(3)	Mike	（　　　　　　　　　　　　）
(4)	Yuta	（　　　　　　　　　　　　）

まとめのテスト

My Future, My Dream ②

勉強した日 〉 月   日

得点

/50点

時間 **20** 分

教科書 82〜87 ページ 答え 15 ページ

1 英語の意味を表す日本語を ⌐‥‐¬ から選んで、（ ）に書きましょう。 1つ5点〔10点〕

(1) programming （   ）

(2) P.E. （   ）

┌─────────────────┐
│ 英語　理科 │
│ 体育　踊(おど)り │
│ プログラミング │
└─────────────────┘

2 日本語の意味を表す英語の文を ⌐‥‐¬ から選んで、──── に書きましょう。 1つ10点〔20点〕

(1) わたしは獣医(じゅうい)になりたいです。

＿＿＿＿＿＿＿＿＿＿＿＿＿＿＿＿＿＿＿＿＿＿＿＿＿＿＿＿

(2) 〔(1)に続けて〕 わたしは動物を救いたいです。

＿＿＿＿＿＿＿＿＿＿＿＿＿＿＿＿＿＿＿＿＿＿＿＿＿＿＿＿

┌──┐
│ I want to be a doctor. / I want to be a vet. │
│ I want to save animals. / I want to work in Africa. │
└──┘

3 サオリの発表原稿(げんこう)を読んで、内容に合うように（ ）に日本語を書きましょう。 1つ10点〔20点〕

┌──┐
│ I like English. │
│ I want to join the brass band in junior high school. │
│ I want to study science. │
│ I want to be a doctor. │
│ I want to work in Africa. │
└──┘

(1) サオリは中学校で（   ）に入りたいです。

(2) サオリは（   ）になりたいです。

107

Unit 7 ～ 8

Sounds and Letters

教科書 | 80～81 ページ、90～91 ページ　　答え | 15 ページ

 音声を聞いて、英語に合うものを下から選んで、記号を（　）に書きましょう。　 t37

(1) （　　　　　）　(2) （　　　　　）　(3) （　　　　　）

ア

イ
すばらしい

ウ

 音声を聞いて、🔲の中の英語を並べかえて文を書きましょう。完成した英文を、声に出して読みましょう。　 t38

例

I like baseball .

```
like    I    baseball
```

(1)

_____ .

```
the library    went to    I
```

(2)

_____ !

```
are    cute    cats
```

単語の書きわすれがないか、確認してね！

108

3 音声を聞いて、絵に合う単語を下から選んで、記号を（ ）に書きましょう。

♪ t39

(1) （　　）

(2) 元気な （　　）

(3) （　　）

ア	fun	イ	fine	ウ	five
エ	bed	オ	vet	カ	red
キ	brother	ク	brown	ケ	baker

4 音声を聞いて、[ ]の中の英語を並べかえて文を書きましょう。完成した英文を、声に出して読みましょう。

♪ t40

(1)

in Aoba Town　live　I

(2) My

is　treasure　my dog

(3) Please

カナダ

Canada　to　come

109

リーディング レッスン

教科書 96 ページ　答え 16 ページ

次の英語の文章を3回読みましょう。

言えたらチェック □ □ □

Hello, everyone!

How are you?

I'm OK.

I practice soccer every day.

My friends are very kind.

Question

文章の内容について、次の質問に答えましょう。

(1) ルーカスの今の気分を表す絵を下から選んで、記号を（　）に書きましょう。

ア

イ

ウ

（　　　　）

(2) ルーカスが毎日していることを表す絵を下から選んで、記号を（　）に書きましょう。

ア

イ

ウ

（　　　　）

(3) ルーカスの友達の性格に合うものを下から選んで、記号を（　）に書きましょう。

ア　とても活動的　　　イ　とても勇敢　　　ウ　とても親切

（　　　　）

⭐英文をなぞって書きましょう。

How are you?

I practice soccer

every day.

聞く
話す
読む
書く

111

英語の文の形

⭐ 中学校での学習に向けて英語の文の形をおさらいしましょう。

▶「—は…です」の文

◆ am、are、isを使った文

| I | am | Sakura. |

I am = I'm　　わたしはサクラです。

| I | am not | Sakura. |

I am not = I'm not

わたしはサクラではありません。

amのあとに
notがあるね。

| You | are | Sakura. |

あなたはサクラです。

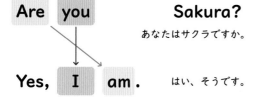

| Are | you | Sakura? |

あなたはサクラですか。

| Yes, | I | am . |　はい、そうです。

| No, | I | am not . |

いいえ、ちがいます。

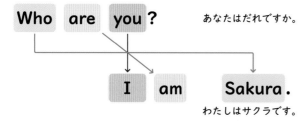

| Who | are | you ? |　あなたはだれですか。

| I | am | Sakura. |

わたしはサクラです。

たずねる文では
areが前に
出ているね。

▶「—は〜を…します」の文

◆ 動作を表すことば（動詞）を使った文

| I | | have a ball. |

わたしはボールを持っています。

| I | do not | have a ball. |

do not = don't

わたしはボールを持っていません。

doのあとに
notがあるね。

| You | | have a ball. |

あなたはボールを持っています。

| Do | you | have a ball? |

あなたはボールを持っていますか。

| Yes, | I | do . |

はい、持っています。

| No, | I | do not . |

いいえ、持っていません。

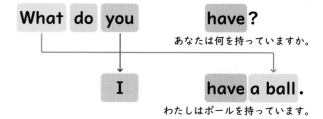

| What | do | you | have ? |

あなたは何を持っていますか。

| I | | have a ball. |

わたしはボールを持っています。

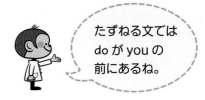

たずねる文では
doがyouの
前にあるね。

● 「〜ではありません、〜しません」という文を否定文と言います。
● 「〜ですか、〜しますか」とたずねる文を疑問文と言います。

▶動画で復習&📱アプリで練習！

重要表現まるっと整理

6年生の重要表現を復習するよ！動画でリズムにあわせて楽しく復習したい人は **1** を、はつおん練習にチャレンジしたい人は **2** を読んでね。**1**→**2** の順で使うとより効果的だよ！

Alec先生

1 「わくわく動画」の使い方

各ページの冒頭についているQRコードを読み取ると、動画の再生ページにつながります。

▶
Alec先生に続けて子どもたちが1人ずつはつおんします。Alec先生が「You!」と呼びかけたらあなたの番です。

▶
📢 **It's your turn!**（あなたの番です）が出たら、画面に出ている英文をリズムにあわせてはつおんしましょう。

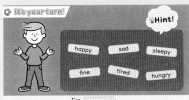
▶
最後に自己表現の練習をします。
📢 **It's your turn!** が出たら、画面上の英文をはつおんしましょう。🔲🔲🔲の中に入れる単語は 💬Hint! も参考にしましょう。

2 「文理のはつおん上達アプリ　おん達」の使い方

ホーム画面下の「かいわ」を選んで、学習したいタイトルをおします。

トレーニング
❶ 🔊 をおしてお手本の音声を聞きます。
❷ 🎤 をおして英語をふきこみます。
❸ 点数を確認し、▶ をおして自分の音声を聞きましょう。

チャレンジ
❶ カウントダウンのあと会話が始まります。
❷ 🎤 が光ったら英語をふきこみ、最後にもう一度 🎤 をおします。
❸ "Role Change!"と出たら役をかわります。

ダウンロード

アクセスコード
EFMRXF9a

※アクセスコード入力時から15か月間ご利用になれます。
※本サービスは無料ですが、別途各通信会社の通信料がかかります。　※お客様のネット環境および端末によりご利用いただけない場合がございます。
　ご理解、ご了承いただきますよう、お願いいたします。　※【推奨環境】スマートフォン、タブレット等（iOS11以上、Android8.0以上）

第**1**回

生活や家事について
重要表現まるっと整理

6-01

お

▶動画

⭐ アプリを使って会話の練習をしましょう。80点以上になるように何度も練習しましょう。

生活や家事についての表現を練習しましょう。＿＿の部分をかえて練習しましょう。

♪ s01

□① What time do you usually <u>get up</u>?
　　　　　　・go to school　・have dinner　・go to bed

あなたはたいてい何時に起きますか。

□② I usually <u>get up</u> at <u>7:00</u>.
・go to school　・have dinner　・go to bed　　・8:00　・6:30　・9:00

わたしはたいてい7時に起きます。

□③ What do you do in the morning?

あなたは午前中、何をしますか。

□④ I <u>always</u> <u>walk the dog</u>.
・usually　・sometimes　　・clean my room　・wash the dishes　・take out the garbage

わたしはいつもイヌを散歩させます。

生活や家事についての会話を練習しましょう。

♪ s02

What time do you usually get up?

I usually get up at 7:00.

What do you do in the morning?　　I always walk the dog.

第2回 行きたい国について

重要表現まるっと整理

6-02

▶動画

✿ アプリを使って会話の練習をしましょう。80点以上になるように何度も練習しましょう。

トレーニング 行きたい国についての表現を練習しましょう。___の部分をかえて練習しましょう。

♪ s03

☐① Where do you want to go?　　あなたはどこへ行きたいですか。

☐② I want to go to Italy.　　わたしはイタリアへ行きたいです。
　　　　・Australia ・India ・Egypt

☐③ Why?　　なぜですか。

☐④ I want to eat pizza.　　わたしはピザが食べたいです。
　　　　・see koalas ・eat curry ・see the pyramids

まねして
言ってみよう！

チャレンジ 行きたい国についての会話を練習しましょう。

♪ s04

Where do you want to go?

I want to go to Italy.

Why?

I want to eat pizza.

聞く
話す
読む
書く

第**3**回

夏休みにしたことについて
重要表現まるっと整理

6-03

動画

💿 アプリを使って会話の練習をしましょう。80点以上になるように何度も練習しましょう。

トレーニング　夏休みにしたことについての表現を練習しましょう。＿＿の部分をかえて練習しましょう。

♪ s05

- ① How was your summer vacation?　　あなたの夏休みはどうでしたか。

- ② I went to <u>the mountains</u>.　　わたしは山へ行きました。
  - ・the summer festival　・my grandparents' house　・the sea

- ③ I <u>enjoyed camping</u>.　　わたしはキャンプを楽しみました。
  - ・saw fireworks　・ate watermelon　・enjoyed swimming

- ④ It was <u>great</u>.　　すばらしかったです。
  - ・exciting　・delicious　・fun

チャレンジ　夏休みにしたことについての会話を練習しましょう。

♪ s06

How was your summer vacation?

I went to the mountains.

I enjoyed camping.
It was great.

第**4**回

自分の町について
重要表現まるっと整理

6-04

動画

⭐ アプリを使って会話の練習をしましょう。80点以上になるように何度も練習しましょう。

トレーニング 自分の町についての表現を練習しましょう。＿＿の部分をかえて練習しましょう。

🎵 s07

□① We have a <u>stadium</u> in our town.

・zoo ・convenience store ・library

わたしたちの町にはスタジアムがあります。

□② We can <u>see soccer games</u> in the <u>stadium</u>.

・see many animals ・buy snacks ・read many books

・zoo ・convenience store ・library

わたしたちはスタジアムでサッカーの試合を見ることができます。

□③ We don't have <u>an aquarium</u> in our town.

・an amusement park ・a department store ・a bookstore

わたしたちの町には水族館がありません。

□④ I want <u>an aquarium</u> in our town.

・an amusement park ・a department store ・a bookstore

わたしはわたしたちの町に水族館がほしいです。

チャレンジ 自分の町について会話を練習しましょう。

🎵 s08

We have a stadium in our town.
We can see soccer games in the stadium.

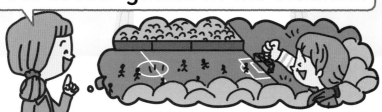

We don't have an aquarium in our town.
I want an aquarium in our town.

聞く
話す

読む
書く

第5回

つきたい職業について
重要表現まるっと整理

6-05

動画

⭐ アプリを使って会話の練習をしましょう。80点以上になるように何度も練習しましょう。

トレーニング つきたい職業についての表現を練習しましょう。＿＿の部分をかえて練習しましょう。

♪ s09

□① What do you want to be?　　　あなたは何になりたいですか。

□② I want to be a doctor.　　　わたしは医者になりたいです。

　　　・a teacher　・a cook　・an astronaut

□③ Why?　　　なぜですか。

がんばって！

□④ I want to help people.　　　わたしは人びとを助けたいです。

　　　・like children　・like cooking　・want to go into space

チャレンジ つきたい職業についての会話を練習しましょう。

♪ s10

What do you want to be?

I want to be a doctor.

Why?

I want to help people.

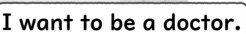

第6回

小学校での一番の思い出について
重要表現まるっと整理

6-06
▶動画

⭐ アプリを使って会話の練習をしましょう。80点以上になるように何度も練習しましょう。

トレーニング　小学校での一番の思い出についての表現を練習しましょう。＿＿の部分をかえて練習しましょう。

♪ s11

☐ ① What's your best memory?　　あなたの一番の思い出は何ですか。

☐ ② My best memory is our <u>sports day</u>.　わたしの一番の思い出は運動会です。

・field trip　・chorus contest　・school trip

☐ ③ What did you do?　　あなたは何をしましたか。

☐ ④ I <u>enjoyed running</u>.　　わたしは走ることを楽しみました。

・ate *obento*　・enjoyed singing　・saw many temples

チャレンジ　小学校での一番の思い出についての会話を練習しましょう。

♪ s12

What's your best memory?

My best memory is our sports day.

What did you do?

I enjoyed running.

聞く
話す
読む
書く

119

第 **7** 回

入りたい部活動について
重要表現まるっと整理

6-07

▶動画

♥ アプリを使って会話の練習をしましょう。80点以上になるように何度も練習しましょう。

トレーニング 入りたい部活動についての表現を練習しましょう。＿＿の部分をかえて練習しましょう。

♪ s13

□① What club do you want to join?
あなたは何部に入りたいですか。

□② I want to join the table tennis team.
わたしは卓球部に入りたいです。

・chorus ・science club ・cooking club

□③ What school event do you want to enjoy?
あなたはどんな学校行事を楽しみたいですか。

□④ I want to enjoy the school festival.
わたしは学園祭を楽しみたいです。

・chorus contest ・swimming meet ・drama festival

チャレンジ 入りたい部活動についての会話を練習しましょう。

♪ s14

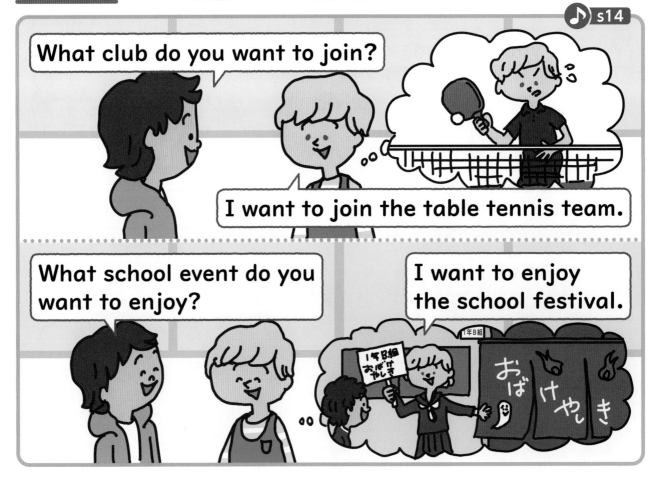

What club do you want to join?

I want to join the table tennis team.

What school event do you want to enjoy?

I want to enjoy the school festival.

実力判定テスト 夏休みのテスト

●勉強した日 月 日

時間 10分

名前　　　　　　　得点

/50点

書く

読む

教科書 6〜31 ページ　答え 17 ページ

5 日本語の意味になるように[　]から選んで、＿＿に英語を書きましょう。文の最初にくることばは大文字で書きはじめましょう。

1つ5点〔20点〕

(1) あなたはどんな動物が好きですか。

What ＿＿＿＿＿ do you like?

(2) 〔(1)に答えて〕 わたしはネコが好きです。

I like ＿＿＿＿ .

(3) あなたの週末はどうでしたか。

＿＿＿ was your weekend?

(4) 〔(3)に答えて〕 すばらしかったです。わたしはすしを食べました。

It was great.
I ＿＿＿＿ sushi.

how / cats / went / ate / animal

6 マケナの自己紹介カードを見て、内容に合うように[　]から選んで、＿＿に英語を書きましょう。

1つ10点〔30点〕

Makena

【自己紹介カード】
名前：マケナ
出身地：ケニア
映画を見ることが好き
ときどきテレビを見る

I'm Makena.
I'm from ＿＿＿＿＿ .
I like ＿＿＿＿＿ movies.
I ＿＿＿＿＿ watch TV.

shopping / seeing / always
sometimes / Kenya / Japan

●勉強した日　　月　　日

夏休みのテスト

時間 **20分**

名前　　　　　　　　　得点
　　　　　　　　　　　/100点

🔊音声

教科書 6〜31ページ　答え 17ページ

🎧聞く

---

1 音声を聞いて、絵の内容と合っていれば○、合っていなければ×を（　）に書きましょう。

1つ4点〔16点〕

♪ t41

(1)
（　　）

(2)
（　　）

(3)
（　　）

(4)
（　　）

---

2 音声を聞いて、それぞれの人物の出身地と好きなことを線で結びましょう。

1つ4点〔12点〕

♪ t42

(1)
Yue

ブラジル

(2)
Daniel

アメリカ

(3)
Luke

中国

---

3 音声を聞いて、それぞれの人物の宝物とそれをくれた人を下から選んで、記号を（　）に書きましょう。

1つ8点〔32点〕

♪ t43

(1) Yumi 	宝物（　　　）	(2) Koji	宝物（　　　）
	くれた人（　　　）		くれた人（　　　）
(3) Anna	宝物（　　　）	(4) Tom	宝物（　　　）
	くれた人（　　　）		くれた人（　　　）

ア バット　イ 本　ウ ラケット
エ サッカーボール　オ お母さん　カ おじさん
キ 友達　ク クラスメート

---

4 マサキが習慣について話しています。音声を聞いて、その内容に合うように、（　）に数字または日本語を書きましょう。

1つ10点〔40点〕

♪ t44

Masaki

	すること	曜日や時刻
(1)	学校に行く	（　　　　　）時
(2)	サッカーをする	（　　　　　）曜日
(3)	家に帰る	（　　　　　）時
(4)	イヌを散歩する	（　　　　　）曜日

うら面の問題も解きましょう。

英語　6年　東書 ② オモテ

実力判定テスト　冬休みのテスト

時間 **20**分

名前	得点
	/100点

🔊音声
🎧聞く

教科書　38〜65 ページ　｜　答え　18 ページ

1 音声を聞いて、絵の内容と合っていれば〇、合っていなければ×を（　）に書きましょう。

1 つ 4 点〔16点〕
♪ t45

(1)

（　　）

(2)
（　　）

(3)
（　　）

(4)
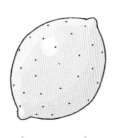
（　　）

2 音声を聞いて、それぞれのサンドイッチの食材を線で結びましょう。

1 つ 4 点〔12点〕
♪ t46

(1) 　・　　・　　・　　・

(2) 　・　　・　　　　・　　・

(3) 　・　　・　　・　　・

3 音声を聞いて、それぞれの生産国を下から選んで、記号を（　）に書きましょう。

1 つ 8 点〔32点〕
♪ t47

(1)
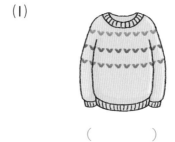
（　　）

(2)

（　　）

(3)

（　　）

(4)

（　　）

```
ア　ドイツ　　イ　中国（ちゅうごく）　　ウ　イタリア
エ　カナダ　　オ　ペルー　　カ　フランス
```

4 ミカが発表をしています。音声を聞いて、その内容に合うように、（　）に日本語を書きましょう。

1 つ10点〔40点〕
♪ t48

Mika

(1)	好きな動物	（　　　　　　　　　　　）
(2)	(1)が暮（く）らしている場所	（　　　　　　　　　　　）
(3)	(1)が直面している問題	（　　　　　　　　　　　）
(4)	(1)のためにできること	（　　　　　　　） こと

うら面の問題も解きましょう。

実力判定テスト 冬休みのテスト ❄

時間 10分

●勉強した日　月　日

名前

得点

/50点

✎ 書く

📖 読む

教科書 38〜65ページ　答え 18ページ

5 日本語の意味になるように ┄┄ から選んで、▭ に英語を書きましょう。文の最初にくることばは大文字で書きはじめましょう。

1つ5点〔20点〕

(1) あなたはどこへ行きたいですか。

▭ do you want to go?

(2) 〔(1)に答えて〕　わたしはエジプトに行きたいです。

I want to go to ▭ .

(3) 〔(2)に続けて〕　あなたはラクダに乗ることができます。

You can ▭ a camel.

(4) 〔(3)に続けて〕　それはわくわくします。

It's ▭ .

exciting / where / ride / Egypt / see

6 ホクトの発表のメモを見て、内容に合うように ┄┄ から選んで、▭ に英語を書きましょう。文の最初にくることばは大文字で書きはじめましょう。

1つ10点〔30点〕

Hokuto

【発表のメモ】
フランスへ行きたい
フランスはヨーロッパにある
エッフェル塔を訪問することができる
フランスに行きましょう

I want to go to France.
France is in ▭ .
You can ▭ the Eiffel Tower.
▭ go to France.

Europe / Asia / let's / it's
visit / buy / eat

●勉強した日　　月　　日

5 日本語の意味になるように ⋯⋯ から選んで、⎯⎯ に英語を書きましょう。文の最初にくることばは大文字で書きはじめましょう。

1つ5点〔20点〕

(1) あなたは何になりたいですか。

⎯⎯⎯⎯⎯ do you want to be?

(2) 〔(1)に答えて〕　わたしは医者になりたいです。

I want to be a ⎯⎯⎯⎯⎯.

(3) 〔(2)に続けて〕　わたしはアフリカで働きたいです。

I want to ⎯⎯⎯⎯⎯ in Africa.

(4) 〔(3)に続けて〕　わたしは人々を手伝いたいです。

I want to ⎯⎯⎯⎯⎯ people.

doctor / help / see / what / work / how

6 シュンの自己紹介カードを見て、内容に合うように ⋯⋯ から選んで、⎯⎯ に英語を書きましょう。

1つ10点〔30点〕

Shun

【自己紹介カード】
好きなこと：スポーツ
習慣：土曜日にサッカーをする
入りたい部活動：サッカー部

Hello, I'm Shun.

I ⎯⎯⎯⎯⎯ sports.

I play soccer on ⎯⎯⎯⎯⎯.

I want to ⎯⎯⎯⎯⎯ the soccer team.

join / enjoy / like / be
Sundays / Tuesdays / Saturdays

学年末のテスト

●勉強した日　　月　　日

名前　　　　　　　得点

🔊音声

時間 **20**分

教科書 6〜87 ページ　答え 19 ページ

🎧聞く

1 音声を聞いて、絵の内容と合っていれば○、合っていなければ×を（ ）に書きましょう。

1つ4点〔16点〕

♪ **t49**

(1)

（　　　）

(2)

（　　　）

(3)

（　　　）

(4)

（　　　）

2 音声を聞いて、それぞれの人物の一番の思い出と、したことを線で結びましょう。

1つ4点〔12点〕

♪ **t50**

(1)
Yuka

(2)
Takumi

(3)
Mary

3 音声を聞いて、それぞれの人物が入りたい部活動を下から選んで、記号を（ ）に書きましょう。

1つ8点〔32点〕

♪ **t51**

(1)
Naoki

（　　　）

(2)
Nana

（　　　）

(3)
Jack

（　　　）

(4)
Aoi

（　　　）

ア　合唱部　　イ　ブラスバンド部　　ウ　演劇部
エ　美術部　　オ　テニス部　　カ　野球部

4 アンナが自己紹介をしています。音声を聞いて、その内容に合うように、（ ）に日本語を書きましょう。

1つ10点〔40点〕

♪ **t52**

Anna

	テーマ	答　え
(1)	出身地	（　　　　　　　　　）
(2)	なりたい職業	（　　　　　　　　　）
(3)	働きたい国	（　　　　　　　　　）
(4)	入りたい部活動	（　　　　　　　　　）

うら面の問題も解きましょう。

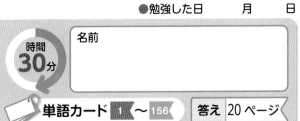

実力判定テスト
6年生の単語 38 語を書こう！
単語リレー

時間 30分

●勉強した日　月　日

名前

単語カード 1〜156　答え 20ページ

6年生のわくわく英語カードで覚えた単語のおさらいです。絵に合う単語を □ から選び、□ に書きましょう。

❶  お笑い芸人

❷ 科学者

❸ 作家

❹ めがね

❺ ラケット

❻ かさ

❼ ラグビー

❽ サーフィン

writer
racket
rugby
umbrella
surfing
scientist
glasses
comedian

❾ 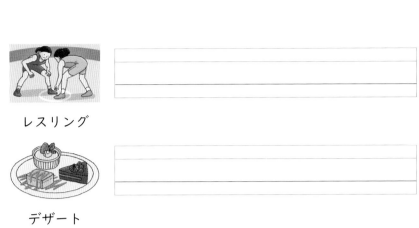 レスリング

❿ デザート

⓫  カボチャ

⓬ クッキー

⓭ 海

⓮ 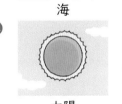 太陽

⓯ にじ

⓰  キリン

⓱  クジラ

⓲  アリ

cookie
ant
sun
pumpkin
wrestling
rainbow
dessert
giraffe
sea
whale

折り返し地点！うら面もあるよ！

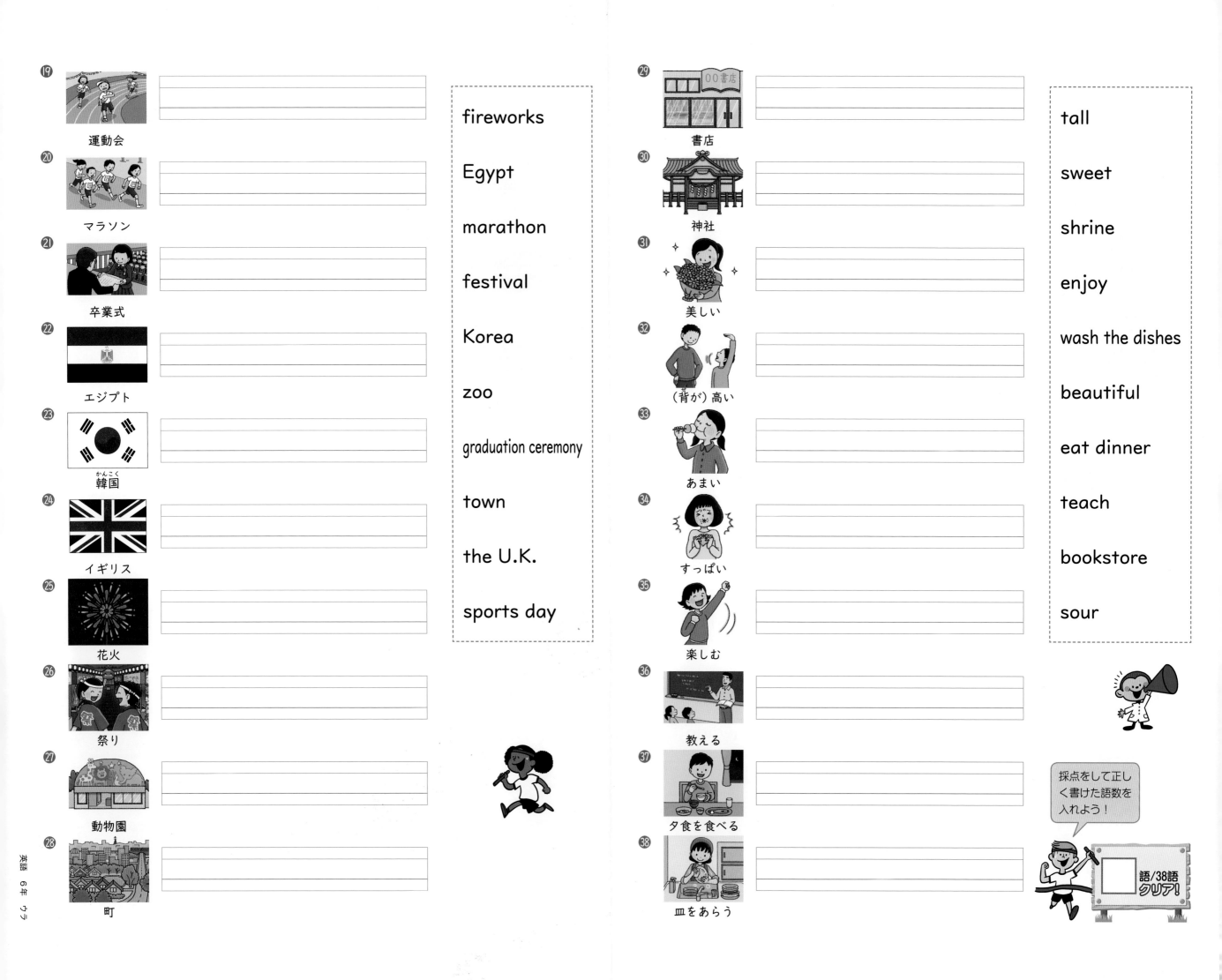

⑲ 運動会

⑳ マラソン

㉑ 卒業式

㉒ エジプト

㉓ 韓国

㉔ イギリス

㉕ 花火

㉖ 祭り

㉗ 動物園

㉘ 町

fireworks

Egypt

marathon

festival

Korea

zoo

graduation ceremony

town

the U.K.

sports day

㉙ 書店

㉚ 神社

㉛ 美しい

㉜ （背が）高い

㉝ あまい

㉞ すっぱい

㉟ 楽しむ

㊱ 教える

㊲ 夕食を食べる

㊳ 皿をあらう

tall

sweet

shrine

enjoy

wash the dishes

beautiful

eat dinner

teach

bookstore

sour

採点をして正しく書けた語数を入れよう！

語/38語 クリア！

答えとてびき

「答えとてびき」は、とりはずすことができます。

東京書籍版
英語 **6** 年

使い方

まちがえた問題は、もう一度よく読んで、なぜまちがえたのかを考えましょう。音声を聞きなおして、あとに続いて言ってみましょう。

Unit 1

14 ページ 聞いて練習のワーク

❶ (1) ○ (2) × (3) × (4) ○

❷
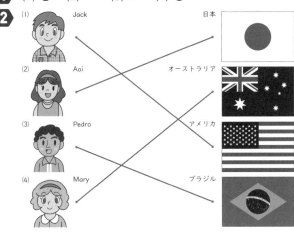

てびき ❶ (1) shopping は「買い物」、(2) seeing movies は「映画を見ること」、(3) dancing は「踊り」、(4) playing video games は「テレビゲームをすること」という意味です。
❷ (1) America は「アメリカ」、(2) Japan は「日本」、(3) Brazil は「ブラジル」、(4) Australia は「オーストラリア」という意味です。

📢 **読まれた英語**

❶ (1) I like shopping.
(2) I like seeing movies.
(3) I like dancing.
(4) I like playing video games.

---

❷ (1) I'm Jack. I'm from America.
(2) I'm Aoi. I'm from Japan.
(3) I'm Pedro. I'm from Brazil.
(4) I'm Mary. I'm from Australia.

15 ページ まとめのテスト

1 (1) 日本 (2) ケニア (3) 中国

2 (1) I'm Hiroya.
(2) I like camping.
(3) I'm Kate.
(4) I like seeing movies.

てびき **1** (1) Japan は「日本」、(2) Kenya は「ケニア」、(3) China は「中国」という意味です。
2 (1)(3)「わたしは〜です」は、I'm 〜. と言います。
(2)(4)「わたしは〜が好きです」は、I like 〜. と言います。

20ページ 聞いて練習のワーク

❶ (1)× (2)○ (3)× (4)○

❷

	名 前	好きな色	好きな動物
(1)	Ken	(ウ)	(オ)
(2)	Anna	(ア)	(カ)
(3)	Mika	(イ)	(エ)

てびき ❶ (1)(4) What sport do you like? は「あなたはどんなスポーツが好きですか」、I like ~. は「わたしは~が好きです」という意味です。
(2)(3) What color do you like? は、「あなたは何の色が好きですか」という意味です。
❷ What color do you like? は「あなたは何の色が好きですか」、What animal do you like? は「あなたはどんな動物が好きですか」、I like ~. は「わたしは~が好きです」という意味です。

読まれた英語

❶ (1) What sport do you like?
　　— I like baseball.
(2) What color do you like?
　　— I like red.
(3) What color do you like?
　　— I like blue.
(4) What sport do you like?
　　— I like tennis.
❷ (1) What color do you like, Ken?
　　— I like white.
　　What animal do you like?
　　— I like pandas.
(2) What color do you like, Anna?
　　— I like black.
　　What animal do you like?
　　— I like dogs.
(3) What color do you like, Mika?
　　— I like silver.
　　What animal do you like?
　　— I like cats.

21ページ まとめのテスト

❶ (1)ネコ (2)イヌ (3)野球 (4)むらさき

❷ (1) I like pandas.
(2) I like tennis.
(3) I like pink.

てびき ❶ (1) cat は「ネコ」、(2) dog は「イヌ」、(3) baseball は「野球」、(4) purple は「むらさき」という意味です。
❷ What ~ do you like?（あなたはどんな［何の］~が好きですか）には、I like ~.（わたしは~が好きです）で答えます。
(1) What animal do you like? は、「あなたはどんな動物が好きですか」という意味です。
(2) What sport do you like? は、「あなたはどんなスポーツが好きですか」という意味です。
(3) What color do you like? は、「あなたは何の色が好きですか」という意味です。

❶ (1) ○ (2) × (3) × (4) ○

❷
	名 前	宝 物	宝物をくれた人
(1)	Yumi	（　　かばん　　）	（　　お父さん　　）
(2)	Koji	（　　ラケット　　）	（　　いとこ　　）
(3)	Anna	（　マグカップ　）	（　　友達　　）
(4)	Tom	（　　本　　）	（　おばさん　）

てびき ❶ My treasure is ～. は「わたしの宝物は～です」という意味です。(1) soccer ball は「サッカーボール」、(2) racket は「ラケット」、(3) book は「本」、(4) watch は「腕時計」という意味です。
❷ My treasure is ～. は「わたしの宝物は～です」、It's from ～. は「～からもらいました」という意味です。

📢 **読まれた英語**

❶ (1) My treasure is this soccer ball.
(2) My treasure is this racket.
(3) My treasure is this book.
(4) My treasure is this watch.
❷ (1) Hi, I'm Yumi. My treasure is this bag. It's from my father.
(2) Hello, I'm Koji. My treasure is this racket. It's from my cousin.
(3) Hi, I'm Anna. My treasure is this mug. It's from my friend.
(4) Hello, I'm Tom. My treasure is this book. It's from my aunt.

❶ (1) racket

(2) soccer ball

(3) notebook

(4) watch

❷ (1) What is your treasure?

(2) My treasure is this book.

(3) It's from my classmate.

てびき ❶ (1)「ラケット」は racket、(2)「サッカーボール」は soccer ball、(3)「ノート」は notebook、(4)「腕時計」は watch と言います。
❷ (1)「あなたの宝物は何ですか」は、What is your treasure? と言います。
(2)「わたしの宝物は～です」は、My treasure is ～. と言います。
(3)「～からもらいました」は、It's from ～. と言います。

Unit 2

❶ (1) × (2) × (3) ○ (4) ○

❷ (1) ア (2) エ (3) キ (4) ク

てびき ❶ (1) have lunch は「昼食を食べる」、(2) go to bed は「ねる」、(3) play soccer は「サッカーをする」、(4) go home は「家へ帰る」という意味です。
❷ What time do you ～? は「あなたは何時に～しますか」という意味です。

📢 読まれた英語

❶ (1) have lunch
　(2) go to bed
　(3) play soccer
　(4) go home
❷ (1) What time do you usually brush your teeth?
　　— I usually brush my teeth at 7 a.m.
　(2) What time do you usually have lunch?
　　— I usually have lunch at 1 p.m.
　(3) What time do you usually do your homework?
　　— I usually do my homework at 7 p.m.
　(4) What time do you usually go to bed?
　　— I usually go to bed at 9 p.m.

33ページ **まとめのテスト**

1 (1) time
　(2) 10 p.m.
　(3) sometimes

2 (1) What time do you usually play soccer?
　(2) I usually play soccer at 11 a.m.

てびき ❶ (1)「あなたはたいてい何時に～しますか」は What time do you usually ～?、(2)「午後 10 時」は 10 p.m.、(3)「ときどき」は sometimes と言います。
❷ (1)「あなたはたいてい何時に～しますか」は What time do you usually ～?、「サッカーをする」は play soccer、(2)「午前 11 時」は 11 a.m. と言います。

38ページ **聞いて練習のワーク**

❶ (1) ウ (2) ア (3) イ (4) エ

❷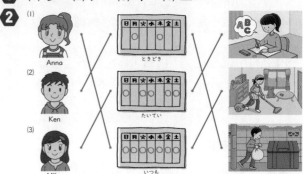

てびき ❶ (1) watch TV は「テレビを見る」、(2) have breakfast は「朝食を食べる」、(3) get the newspaper は「新聞を取る」、(4) wash the dishes は「皿をあらう」という意味です。
❷ (1) always は「いつも」、clean my room は「部屋をそうじする」という意味です。
　(2) sometimes は「ときどき」、take out the garbage は「ごみを出す」という意味です。
　(3) usually は「たいてい、ふだん」、study English は「英語を勉強する」という意味です。

📢 読まれた英語

❶ (1) I sometimes watch TV.
　(2) I always have breakfast.
　(3) I sometimes get the newspaper.
　(4) I usually wash the dishes.
❷ (1) Hi. I'm Anna. I always clean my room.
　(2) Hi. I'm Ken. I sometimes take out the garbage.
　(3) Hi. I'm Mika. I usually study English.

39ページ まとめのテスト

1
(1) ごみを出す　take out ── the dishes
(2) 風呂に入る　take ── the garbage
(3) 新聞を取る　get ── a bath
(4) 夕食を食べる　have ── the newspaper
(5) 皿をあらう　wash ── dinner

2
(1) I watch TV on Wednesdays.

(2) I study English on Mondays and Fridays.

(3) I sometimes walk my dog.

てびき　**1** (1)「ごみを出す」は take out the garbage、(2)「風呂に入る」は take a bath、(3)「新聞を取る」は get the newspaper、(4)「夕食を食べる」は have dinner、(5)「皿をあらう」は wash the dishes と言います。
2 (1)(2)「わたしは…曜日に～します」は I ～ on〈曜日〉. と言います。
(3)「わたしはときどき～します」は I sometimes ～.、「イヌを散歩させる」は walk my dog と言います。

Unit 3

44ページ 聞いて練習のワーク

1 (1)ア　(2)ウ　(3)イ　(4)エ

2

	行った場所	楽しんだこと
(1)	（　スタジアム　）	（　エ　）
(2)	（　デパート　）	（　オ　）
(3)	（　公園　）	（　ア　）

てびき　**1** (1) enjoyed reading「読書を楽しんだ」
(2) played the guitar「ギターを演奏した」
(3) went to school「学校へ行った」
(4) enjoyed fishing「魚つりを楽しんだ」
2 I went to ～. は「わたしは～へ行きました」という意味です。I enjoyed ～. は「わたしは～を楽しみました」という意味です。

読まれた英語
1 (1) I enjoyed reading.
(2) I played the guitar.
(3) I went to school.
(4) I enjoyed fishing.
2 (1) I went to the stadium.
I enjoyed watching baseball.
(2) I went to the department store.
I enjoyed shopping.
(3) I went to the park.
I enjoyed playing soccer.

1 (1) had

(2) made

(3) went

(4) watched

2 (1) I went to a stadium.

(2) I ate a parfait.

てびき　**1** (1)「持っていた」は had、(2)「作った」は made、(3)「家へ帰った」は go home（家へ帰る）の go を went にして went home、(4)「（テレビなどを）見た」は watched と言います。
2 (1)「わたしは～へ行きました」は I went to ～.、(2)「食べた」は ate と言います。

---

1 (1)エ　(2)ア　(3)ウ　(4)イ
2 (1)かき氷　(2)見た　(3)食べた
(4)バドミントン

てびき　**1** (1) made cakes は「ケーキを作った」、interesting は「おもしろい」という意味です。
(2) played tennis は「テニスをした」、exciting は「わくわくさせる」という意味です。
(3) watched soccer は「サッカーを見た」、fun は「楽しいこと」という意味です。
(4) enjoyed camping は「キャンプを楽しんだ」、nice は「すてきな」という意味です。
2 How was your weekend? は「あなたの週末はどうでしたか」という意味です。
(1) ate shaved ice は「かき氷を食べた」、
(2) watched rugby は「ラグビーを見た」、(3) ate curry and rice は「カレーライスを食べた」、
(4) played badminton は「バドミントンをした」という意味です。

読まれた英語

1 (1) I made cakes. It was interesting.
(2) I played tennis. It was exciting.
(3) I watched soccer. It was fun.
(4) I enjoyed camping. It was nice.
2 (1) How was your weekend, Kenta?
　　— It was great. I ate shaved ice.
(2) How was your weekend, Mary?
　　— It was wonderful. I watched rugby.
(3) How was your weekend, Yuka?
　　— It was nice. I ate curry and rice.
(4) How was your weekend, Ted?
　　— It was good. I played badminton.

51 ページ まとめのテスト

1
(1) すしを食べた　ate　—　tennis
(2) テニスをした　played　—　sushi
(3) 野球を見た　watched　—　home
(4) 家へ帰った　went　—　baseball

2 (1) **How was your weekend?**

(2) **It was good.**

(3) **I ate a hamburger.**

てびき　**1** (1)「すしを食べた」は ate sushi、
(2)「テニスをした」は played tennis、(3)「野球を見た」は watched baseball、(4)「家へ帰った」は went home と言います。

2 (1)「あなたの週末はどうでしたか」は How was your weekend? と言います。
(2)「(それは)～でした」は It was ～.、「良い」は good と言います。
(3)「食べた」は ate、「ハンバーガー」は hamburger と言います。

52～53 ページ プラスワーク

1 (1)

(ⓕ　s)

(2)

(ⓒ　m)

2 (1)
 　・s
　　　　　　　　　　　　　　　・l

(2)
　・e
　　　　　　　　　　　　　　　・o

(3)
　・j
　　　　　　　　　　　　　　　・m

3 (1) (2) (3)
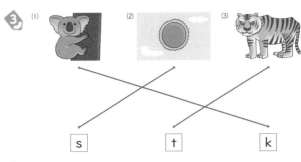
　　　s　　　　t　　　　k

4 (1) ○　(2) ×　(3) ○

てびき　**1** (1) fox は「キツネ」、flower は「花」、(2) cake は「ケーキ」、cow は「ウシ」という意味です。
2 (1) lemon は「レモン」、lion は「ライオン」、(2) October は「10 月」、omelet は「オムレツ」、(3) jam は「ジャム」、juice は「ジュース」という意味です。
3 (1) koala は「コアラ」、(2) sun は「太陽」、(3) tiger は「トラ」という意味です。
4 (1) ruler は「定規」、rice は「ご飯、米」、(2) umbrella は「かさ」、orange は「オレンジ」、(3) pen は「ペン」、pig は「ブタ」という意味です。

📢 読まれた英語

1 (1) fox, flower
(2) cake, cow
2 (1) lemon, lion
(2) October, omelet
(3) jam, juice
3 (1) koala
(2) sun
(3) tiger
4 (1) ruler, rice
(2) umbrella, orange
(3) pen, pig

Unit 4

聞いて練習のワーク

❶ (1) ア　(2) エ　(3) ウ　(4) イ

❷

	国	できること	感想・様子
(1)	オーストラリア	(ウ)	(ク)
(2)	イタリア	(イ)	(キ)
(3)	アメリカ	(ア)	(カ)
(4)	エジプト	(エ)	(オ)

てびき ❶ Where do you want to go? は「あなたはどこへ行きたいですか」という意味です。I want to go to ～.（わたしは～へ行きたいです）と答えます。(1) China は「中国」、(2) France は「フランス」、(3) Australia は「オーストラリア」、(4) Peru は「ペルー」という意味です。

❷ Let's go to ～. は「～へ行きましょう」という意味です。You can ～. は「あなたは～することができます」、It's ～. は「それは～です」という意味です。

📢 読まれた英語

❶ (1) Where do you want to go?
　　— I want to go to China.
(2) Where do you want to go?
　　— I want to go to France.
(3) Where do you want to go?
　　— I want to go to Australia.
(4) Where do you want to go?
　　— I want to go to Peru.

❷ (1) Let's go to Australia.
　　You can visit Uluru.
　　It's exciting.
(2) Let's go to Italy.
　　You can see the Colosseum.
　　It's beautiful.
(3) Let's go to America.
　　You can eat a hamburger.
　　It's delicious.
(4) Let's go to Egypt.
　　You can ride a camel.
　　It's cute.

まとめのテスト

❶ (1) ソーセージを買う　buy — sausages
(2) エッフェル塔を見る　see — the Eiffel Tower
(3) ゾウに乗る　ride — an elephant
(4) コロッセオを訪問する　visit — the Colosseum

❷ (1) Where do you want to go?
(2) I want to go to Thailand.
(3) Let's go to Thailand.

てびき ❶ (1)「ソーセージを買う」は buy sausages、(2)「エッフェル塔を見る」は see the Eiffel Tower、(3)「ゾウに乗る」は ride an elephant、(4)「コロッセオを訪問する」は visit the Colosseum と言います。

❷ (1)「あなたはどこへ行きたいですか」は Where do you want to go? と言います。
(2)「わたしは～へ行きたいです」は I want to go to ～. と言います。
(3)「～へ行きましょう」は Let's go to ～. と言います。

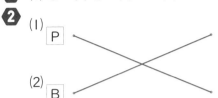

Unit 5

72ページ 聞いて練習のワーク

❶ (1) ○ (2) ○ (3) × (4) ×

❷
(1) P
(2) B
(3) L

てびき ❶ (1) ruler は「定規」、(2) cap は「(ふちのない) ぼうし」、(3) eraser は「消しゴム」、(4) sweater は「セーター」という意味です。
❷ ～ is for .... は「～は…を表しています」という意味です。(1) potato は「ジャガイモ」、(2) banana は「バナナ」、(3) lettuce は「レタス」という意味です。

📢 読まれた英語

❶ (1) This is my ruler.
　(2) This is my cap.
　(3) This is my eraser.
　(4) This is my sweater.
❷ (1) P is for potato.
　(2) B is for banana.
　(3) L is for lettuce.

73ページ まとめのテスト

❶ (1) オセアニア
　(2) ヨーロッパ

❷ (1) This is my shirt .
　(2) It's from New Zealand .
　(3) Tell me about your sandwich .
　(4) My sandwich is a CLM sandwich .

てびき ❶ (1) Oceania は「オセアニア」、(2) Europe は「ヨーロッパ」という意味です。
❷ (1)「これはわたしの～です」は This is my ～. と言います。
(2)「それは～製 [産] です」は It's from ～. と言います。
(3)「あなたのサンドイッチについてわたしに教えてください」は Tell me about your sandwich. と言います。
(4)「わたしのサンドイッチは～サンドイッチです」は My sandwich is ～ sandwich. と言います。

Unit 6

聞いて練習のワーク

❶ (1) ×　(2) ○　(3) ○　(4) ×

❷
	生き物	暮らしている場所
(1)	ライオン	（　　サバンナ　　）
(2)	ゴリラ	（　　森　　）
(3)	ペンギン	（　　海　　）
(4)	キツネ	（　　山　　）

てびき ❶ (1) bear は「ク マ」、 (2) snake は「ヘビ」、(3) jellyfish は「クラゲ」、(4) lion は「ライオン」という意味です。
❷ Where do ～ live? は「～はどこに暮らしていますか」、～ live in .... は「～は…に暮らしています」という意味です。

📢 **読まれた英語**

❶ (1) bear
　 (2) snake
　 (3) jellyfish
　 (4) lion
❷ (1) Where do lions live?
　　 — Lions live in the savanna.
　 (2) Where do gorillas live?
　　 — Gorillas live in forests.
　 (3) Where do penguins live?
　　 — Penguins live in the sea.
　 (4) Where do foxes live?
　　 — Foxes live in mountains.

まとめのテスト

❶ (1) 熱帯雨林　(2) サバンナ　(3) 砂漠

❷ (1) Where do jellyfish live
　 (2) Jellyfish live in the sea
　 (3) Where do pandas live
　 (4) Pandas live in forests

てびき ❶ (1) rainforest は「熱帯雨林」、(2) savanna は「サバンナ」、(3) desert は「砂漠」という意味です。
❷ 「～はどこに暮らしていますか」は、Where do ～ live? と言います。
「～は…に暮らしています」は、～ live in .... と言います。

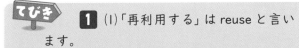

84ページ 聞いて練習のワーク

❶ (1)エ　(2)ア　(3)ウ　(4)イ
❷ (1)オ　(2)ア　(3)イ　(4)ウ

てびき ❶ (1) forest loss は「森林がなくなること」、(2) hunting は「狩り、狩猟」、(3) plastic は「プラスチック」、(4) global warming は「地球温暖化」という意味です。
❷ Let's save ～. は「～を救いましょう」という意味です。(1) penguin は「ペンギン」、(2) tiger は「トラ」、(3) giraffe は「キリン」、(4) sea turtle は「ウミガメ」という意味です。

読まれた英語
❶ (1) Forest loss is a big problem.
(2) Hunting is a big problem.
(3) Plastic is a big problem.
(4) Global warming is a big problem.
❷ (1) Let's save the penguins.
(2) Let's save the tigers.
(3) Let's save the giraffes.
(4) Let's save the sea turtles.

85ページ まとめのテスト

1 (1) reuse
(2) reduce
(3) plant trees
(4) save energy
2 (1) Let's save the gorillas.
(2) Forest loss is a big problem.

てびき **1** (1)「再利用する」は reuse と言います。
(2)「へらす」は reduce と言います。
(3)「木を植える」は plant trees と言います。
(4)「エネルギーを節約する」は save energy と言います。
2 (1)「ゴリラを救いましょう」は Let's save the gorillas. と言います。
(2)「森林がなくなることは大きな問題です」は Forest loss is a big problem. と言います。

86〜87ページ プラスワーク

1. (1) zoo「動物園」、zebra「シマウマ」
(2) violin「バイオリン」、volleyball「バレーボール」
(3) yo-yo「ヨーヨー」、yogurt「ヨーグルト」

2. (1) question「質問、問題」、queen「女王」
(2) elephant「ゾウ」、egg「たまご」

3. (1) cat「ネコ」、map「地図」
(2) fish「魚」、red「赤」
(3) box「箱」、milk「牛乳」

4. (1) sheep「ヒツジ」
(2) whale「クジラ」
(3) thirsty「のどがかわいた」

読まれた英語

1. (1) zoo, zebra
(2) violin, volleyball
(3) yo-yo, yogurt

2. (1) question, queen
(2) elephant, egg

3. (1) cat, map
(2) fish, red
(3) box, milk

4. (1) sheep
(2) whale
(3) thirsty

Unit 7

94 ページ 聞いて練習のワーク

1 (1) ○ (2) × (3) × (4) ○

2

	したこと	感 想
(1)	（ イ ）	（ オ ）
(2)	（ ア ）	（ キ ）
(3)	（ エ ）	（ カ ）
(4)	（ ウ ）	（ ク ）

てびき

1 What's your best memory? は「あなたの一番の思い出は何ですか」、My best memory is ～. は「わたしの一番の思い出は～です」という意味です。
(1) swimming meet は「水泳競技会」、(2) drama festival は「学芸会」、(3) volunteer day は「ボランティアの日」、(4) music festival は「音楽祭」という意味です。
2 (1) played は「演奏した」、(2) ate は「食べた」、(3) enjoyed は「楽しんだ」、(4) went は「行った」という意味です。

読まれた英語

1 (1) What's your best memory?
— My best memory is our swimming meet.
(2) What's your best memory?
— My best memory is our drama festival.
(3) What's your best memory?
— My best memory is our volunteer day.
(4) What's your best memory?
— My best memory is our music festival.

2 (1) We played the piano.
It was exciting.
(2) We ate ice cream.
It was delicious.
(3) We enjoyed camping.
It was fun.
(4) We went to Kyoto.
It was great.

1 (1) 作った
(2) 行った

2 (1) What's your best memory?

(2) My best memory is our music festival.

3 (1) 夏休み
(2) カレーライス

てびき　**1** (1) made は make（作る）が変化した形で「作った」、(2) went は go（行く）が変化した形で「行った」という意味です。

2 (1)「あなたの一番の思い出は何ですか」は What's your best memory?、(2)「わたしの一番の思い出は～です」は My best memory is ～. と言います。

3 (1) My best memory is the summer vacation. とあるので、テッドの一番の思い出は「夏休み」だと分かります。

(2) I ate curry and rice. とあるので、テッドは「カレーライス」を食べたと分かります。

Unit 8

1 (1) ×　(2) ○　(3) ○　(4) ×

2

	名　前	入りたい部活動
(1)	Anna	（　　　テニス部　　　）
(2)	Mika	（　　　ダンス部　　　）
(3)	Tom	（　　バレーボール部　　）
(4)	Ken	（　　ブラスバンド部　　）

てびき　**1** (1) basketball team は「バスケットボール部」、(2) table tennis team は「卓球部」、(3) soccer team は「サッカー部」、(4) art club は「美術部」という意味です。

2 What club do you want to join? は「あなたは何部に入りたいですか」、I want to join ～. は「わたしは～に入りたいです」という意味です。

(1) tennis team は「テニス部」、(2) dance team は「ダンス部」、(3) volleyball team は「バレーボール部」、(4) brass band は「ブラスバンド部」という意味です。

📣 読まれた英語

1 (1) basketball team
(2) table tennis team
(3) soccer team
(4) art club

2 (1) What club do you want to join, Anna?
　— I want to join the tennis team.
(2) What club do you want to join, Mika?
　— I want to join the dance team.
(3) What club do you want to join, Tom?
　— I want to join the volleyball team.
(4) What club do you want to join, Ken?
　— I want to join the brass band.

1 (1) バドミントン部　(2) ソフトボール部
(3) 合唱部　　　　　　(4) バスケットボール部

2 (1) What club do you

　　want to

(2) I want to join

(3) I want to join

　　the drama club

> **てびき** **1** (1) badminton team は「バドミン
> トン部」、(2) softball team は「ソフトボール
> 部」、(3) chorus は「合唱部」、(4) basketball team
> は「バスケットボール部」という意味です。
> **2** (1)「あなたは何部に入りたいですか」は、
> What club do you want to join? と言います。
> (2)(3)「わたしは〜に入りたいです」は、I want
> to join 〜. と言います。

1 (1) ○　(2) ×　(3) ×　(4) ○

2

	名　前	なりたい職業
(1)	Kate	（　　　　先生　　　　）
(2)	Rina	（　コック［料理人］　）
(3)	Mike	（　サッカー選手　）
(4)	Yuta	（　　科学者　　）

> **てびき** **1** (1) volleyball player は「バ レ ー
> ボール選手」、(2) vet は「獣医」、(3) baker は「パ
> ン焼き職人」、(4) police officer は「警察官」と
> いう意味です。
> **2** What do you want to be? は「あなたは何に
> なりたいですか」、I want to be 〜. は「わたし
> は〜になりたいです」という意味です。
> (1) teacher は「先生」、(2) cook は「コック、料
> 理人」、(3) soccer player は「サッカー選手」、
> (4) scientist は「科学者」という意味です。

📢 読まれた英語

1 (1) volleyball player
　　(2) vet
　　(3) baker
　　(4) police officer
2 (1) What do you want to be, Kate?
　　　― I want to be a teacher.
　　(2) What do you want to be, Rina?
　　　― I want to be a cook.
　　(3) What do you want to be, Mike?
　　　― I want to be a soccer player.
　　(4) What do you want to be, Yuta?
　　　― I want to be a scientist.

107 ページ　まとめのテスト

1 (1) プログラミング
(2) 体育

2 (1) I want to be a vet.

(2) I want to save

animals.

3 (1) ブラスバンド部
(2) 医者

てびき

1 (1) programming は「プログラミング」、(2) P.E. は「体育」という意味です。

2 (1)「わたしは〜になりたいです」は I want to be 〜.、(2)「わたしは〜したいです」は I want to 〜. と言います。

3 (1) I want to join the brass band とあるので、サオリは「ブラスバンド部」に入りたいと分かります。(2) I want to be a doctor. とあるので、サオリは「医者」になりたいと分かります。

108〜109 ページ　プラスワーク

1 (1) イ　(2) ウ　(3) ア

2 (1) I went to the library

(2) Cats are cute

3 (1) オ　(2) イ　(3) キ

4 (1) I live in Aoba Town

(2) treasure is my dog

(3) come to Canada

てびき

1 (1) great は「すばらしい、すごい」、(2) koala は「コアラ」、(3) snake は「ヘビ」という意味です。

2 (1) I went to the library. は「わたしは図書館[図書室]へ行きました」、(2) Cats are cute! は「ネコはかわいいです」という意味です。

3 (1) vet は「獣医」、　(2) fine は「元気な」、(3) brother は「お兄さん、弟」という意味です。

4 (1) I live in Aoba Town. は「わたしはアオバ町に住んでいます」、(2) My treasure is my dog. は「わたしの宝物は、わたしのイヌです」、(3) Please come to Canada. は「カナダに来てください」という意味です。

読まれた英語

1 (1) great
(2) koala
(3) snake

2 (例) I like baseball.
(1) I went to the library.
(2) Cats are cute!

3 (1) vet
(2) fine
(3) brother

4 (1) I live in Aoba Town.
(2) My treasure is my dog.
(3) Please come to Canada.

15

リーディング レッスン

(1) ウ

(2) イ

(3) ウ

てびき　　(1) How are you? は「お元気ですか」、I'm OK. は「わたしはオーケーです」という意味です。

(2) 4 文目に、I practice soccer every day.（わたしは毎日サッカーを練習します）とあります。

(3) 5 文目に My friends are very kind.（わたしの友達はとても親切です）とあります。

実力判定テスト 答えとてびき…………………

夏休みのテスト

1 (1)× (2)× (3)○ (4)○

2
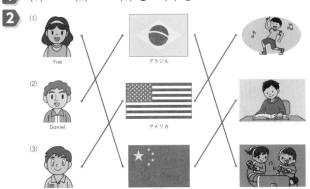

3

4 (1)（午前）8
(2)火
(3)（午後）5
(4)水

5 (1) animal   (2) cats

(3) How   (4) ate

6

I'm Makena.
I'm from Kenya .
I like seeing
movies.
I sometimes watch TV.

てびき **1** (1) get up は「起きる」、(2) take a bath は「風呂に入る」、(3) wash the dishes は「皿をあらう」、(4) brush my teeth は「歯をみがく」という意味です。
2 I'm ～. は「わたしは～です」、I'm from ～.

は「わたしは～出身です」、I like ～. は「わたしは～が好きです」という意味です。

3 What is your treasure? は「あなたの宝物は何ですか」、My treasure is ～. は「わたしの宝物は～です」、It's from ～. は「～からもらいました」という意味です。

4 (1)(3) I usually ～ at〈時刻〉. は「わたしはたいてい［ふだん］…時に～します」という意味です。
(2)(4) I ～ on〈曜日〉. は「わたしは…曜日に～します」という意味です。「～」には動作を表すことばを入れます。

5 (1)「あなたはどんな動物が好きですか」は、What animal do you like? と言います。
(2)「わたしは～が好きです」は、I like ～.、「ネコ」は、cat(s) と言います。
(3)「あなたの週末はどうでしたか」は、How was your weekend? と言います。
(4)「すばらしかったです」は、It was great.、「わたしは～を食べました」は、I ate ～. と言います。

6 「ケニア」は Kenya、「映画を見ること」は seeing movies、「ときどき」は sometimes と言います。

📢 読まれた英語

1 (1) get up
(2) take a bath
(3) wash the dishes
(4) brush my teeth

2 (1) I'm Yue. I'm from China. I like reading.
(2) I'm Daniel. I'm from Brazil. I like playing video games.
(3) I'm Luke. I'm from America. I like dancing.

3 (1) What is your treasure, Yumi?
— My treasure is this book. It's from my mother.
(2) What is your treasure, Koji?
— My treasure is this soccer ball. It's from my classmate.
(3) What is your treasure, Anna?
— My treasure is this racket. It's from

my uncle.
(4) What is your treasure, Tom?
   — My treasure is this bat. It's from
     my friend.

4 I usually go to school at 8 a.m. I play
soccer on Tuesdays. I usually go home
at 5 p.m. I walk my dog on Wednesdays.

冬休みのテスト

1 (1) × (2) ○ (3) ○ (4) ×

2

(1) ... (2) ... (3) ...

3 (1) イ (2) エ (3) カ (4) ア

4 (1) パンダ　　　　(2) 森
(3) 狩り［狩猟］　　(4) 狩り［狩猟］をやめる

5 (1) Where　　(2) Egypt
(3) ride　　(4) exciting

6

I want to go to France.
France is in Europe .
You can visit
the Eiffel Tower.
Let's go to France.

てびき

1 (1) pencil は「えんぴつ」、(2) bear
は「クマ」、(3) frog は「カエル」、(4) ruler は「定
規」という意味です。

2 Tell me about your sandwich. は「あなたの
サンドイッチについて教えてください」、〈頭文
字〉is for 〜. は「〈頭文字〉は〜を表していま
す」という意味です。

3 This is my 〜. は「これはわたしの〜です」
という意味で、「〜」には持ち物を表すことば
を入れます。It's from 〜. は「それは〜製［産］
です」という意味で、「〜」には生産国を入れま
す。

4 (1) I like 〜. は「わたしは〜が好きです」とい
う意味です。
(2) 〜 live in .... は「〜は…に暮らしています」
という意味です。
(3) hunting は「狩り［狩猟］」、〜 is a big problem.

は「～は大きな問題です」という意味です。

(4) We can ～. は「わたしたちは～することができます」、stop hunting は「狩り［狩猟］をやめる」という意味です。

5 (1)「あなたはどこへ行きたいですか」は、Where do you want to go? と言います。

(2)「わたしは～へ行きたいです」は、I want to go to ～.、「エジプト」は、Egypt と言います。

(3)「あなたは～することができます」は、You can ～.、「ラクダに乗る」は、ride a camel と言います。

(4)「それは～です」は、It's ～.、「わくわくさせる」は、exciting と言います。

6 「～は…にあります」は、～ is in .... と言います。「～」には国名、「...」にはその国がある地域の名前を入れます。「ヨーロッパ」は、Europe と言います。「訪問（ほうもん）する」は visit と言います。「～へ行きましょう」は、Let's go to ～. と言います。

📣 **読まれた英語**

1 (1) pencil
(2) bear
(3) frog
(4) ruler

2 (1) Tell me about your sandwich.
— My sandwich is a BOP sandwich. B is for beef. O is for onion. P is for pineapple.
(2) Tell me about your sandwich.
— My sandwich is a CLT sandwich. C is for chicken. L is for lettuce. T is for tomato.
(3) Tell me about your sandwich.
— My sandwich is an SMP sandwich. S is for salmon. M is for mushroom. P is for potato.

3 (1) This is my sweater. It's from China.
(2) This is my T-shirt. It's from Canada.
(3) This is my cap. It's from France.
(4) This is my pen. It's from Germany.

4 I'm Mika. I like pandas. Pandas live in forests. Hunting is a big problem. We can stop hunting. Let's save the pandas.

1 (1) ○ (2) × (3) ○ (4) ×

2
(1) Yuka
(2) Takumi
(3) Mary

3 (1) オ (2) イ (3) ウ (4) ア

4 (1) イギリス
(2) パン焼き職人
(3) フランス
(4) 料理部

5 (1) What (2) doctor
(3) work (4) help

6
Hello, I'm Shun.
I like sports.
I play soccer on Saturdays.
I want to join the soccer team.

🚩 **てびき**

1 (1) sports day は「運動会」、(2) drama festival は「学芸会」、(3) tennis team は「テニス部」、(4) teacher は「先生」という意味です。

2 What's your best memory? は「あなたの一番の思い出は何ですか」、My best memory is ～. は「わたしの一番の思い出は～です」という意味です。(1) enjoyed camping は「キャンプを楽しんだ」、(2) played the guitar は「ギターをひいた」、(3) went hiking は「ハイキングへ行った」という意味です。

3 What club do you want to join? は「あなたは何部に入りたいですか」、I want to join ～.

は「わたしは〜に入りたいです」という意味です。

4 I'm from 〜. は「わたしは〜出身です」、the U.K. は「イギリス」、I want to be 〜. は「わたしは〜になりたいです」、baker は「パン焼き職人」、I want to 〜は「わたしは〜したいです」、work in France は「フランスで働く」、join the cooking club は「料理部に入る」という意味です。

5 (1)「あなたは何になりたいですか」は、What do you want to be? と言います。

(2)「わたしは〜になりたいです」は、I want to be 〜. と言います。

(3)「アフリカで働く」は、work in Africa と言います。

(4)「人々を手伝う」は、help people と言います。

6 「わたしは〜が好きです」は、I like 〜.、「わたしは…曜日に〜します」は、I 〜 on〈曜日〉.、「わたしは〜に入りたいです」は、I want to join 〜. と言います。

📣 読まれた英語

1 (1) sports day　　(2) drama festival
(3) tennis team　　(4) teacher

2 (1) What's your best memory, Yuka?
— My best memory is the summer vacation. We enjoyed camping.
(2) What's your best memory, Takumi?
— My best memory is our music festival. We played the guitar.
(3) What's your best memory, Mary?
— My best memory is our field trip. We went hiking.

3 (1) What club do you want to join, Naoki?
— I want to join the tennis team.
(2) What club do you want to join, Nana?
— I want to join the brass band.
(3) What club do you want to join, Jack?
— I want to join the drama club.
(4) What club do you want to join, Aoi?
— I want to join the chorus.

4 I'm Anna. I'm from the U.K. I want to be a baker. I want to work in France. I want to join the cooking club.

単語リレー

❶ comedian　❷ scientist
❸ writer　❹ glasses
❺ racket　❻ umbrella
❼ rugby　❽ surfing
❾ wrestling　❿ dessert
⓫ pumpkin　⓬ cookie
⓭ sea　⓮ sun
⓯ rainbow　⓰ giraffe
⓱ whale　⓲ ant
⓳ sports day　⓴ marathon
㉑ graduation ceremony
㉒ Egypt　㉓ Korea
㉔ the U.K.　㉕ fireworks
㉖ festival　㉗ zoo
㉘ town　㉙ bookstore
㉚ shrine　㉛ beautiful
㉜ tall　㉝ sweet
㉞ sour　㉟ enjoy
㊱ teach
㊲ eat dinner
㊳ wash the dishes

3 2 1 0 9 8 7 6 5 4
* * D C B A